월급 외 수익
1000만 원

일러두기

이 책에 소개된 투자 관련 내용은 저자의 의견이며,
실제 투자에 따른 수익 또는 손실의 책임은 투자자 본인에게 있습니다.

붇터린치 지음

여는 글

무엇이 문제인지 아는가?

추측건대, 이 책을 펼쳐 든 당신은 아주 성실한 사람일 겁니다. 앞만 보면서 열심히 일하고 노력했는데 '돈이 부족'합니다. 도저히 왜 이런 건지, 어떻게 하면 이 문제를 해결할 수 있을지 궁금해서 이 책을 선택한 것이겠지요.

일반적인 월급쟁이들은 아침 8~9시부터 저녁 5~6시까지 회사에서 일합니다. 블루칼라이든 화이트칼라이든 노동을 대가로 월급을 받는 이들은 보통 하루에 8시간 이상 일할 수밖에 없습니다. 물론 자영업자도 크게 다르지 않습니다. 무인 기반의 사업이 아닌 이상 요식업의 경우 점심 장사이든 저녁 장사이든 하루에 10시간 이상의 시간과 노동력을 투여합니다. 그렇게 열심히 일하고 장사를 하는 건, 결국 돈을 벌기 위해서이죠.

월급쟁이 중에서 자아실현을 위해 직장을 다니는 사람이 얼마나 될까요? 제 주변에는 거의 없었습니다. 밥벌이 때문에 다니지 않을 수 없어서 다니는 경우가 대부분이었죠. 자영업자 중에서 100% 만족하는 사업을 영위하는 사람도 많지 않습니다. 막상 사업을 벌이면 내가 일하고 싶지 않은 시간에도, 또 하고 싶지 않은 일도 해야 하는 경우가 많기 때문입니다.

월급쟁이들은 대개 회사에서 업무적인 성과로 인정받길 원합니다. 출퇴근에 목숨 걸며 승진 여부에 울고 웃지요. 그런데 월등한 성과를 거두고 남들보다 빨리 승진하면 노후가 보장되나요? 그건 아닙니다. 재직 중이라면 당신의 상사를 한번 살펴보세요. 그들의 자산 수준과 삶의 질을 보면 그리 부러워할 만한 모습은 아닐 겁니다. 저 역시 고액 연봉과 높은 성과급이 보장되는 금융권에서 오랜 기간 근무했지만, 사내에서 경제적 자유를 달성했다고 볼 만큼 원활한 현금흐름과 넉넉한 자산을 마련한 선배를 찾을 수 없었습니다. 오히려 은퇴 시기가 가까워질수록 남은 인생 무얼 해서 먹고살아야 할지 고민하는 이들이 대다수였던 것 같습니다.

실제로 퇴직한 후 다른 직업을 찾아 다시 일하기 시작하는 이들을 주변에서 쉽게 볼 수 있습니다. 하지만 퇴직금을 모아 그럴듯해 보이는 상가를 구하고 멋지게 인테리어까지 해서 자영업을 시작한 이들도, 새로운 경쟁자와 트렌드 변화에 부딪혀 어려움을 겪고 새로운 밥벌이를 찾는 경우가 부지기수입니다.

이처럼 열심히 일하고 정말 노력하는데도 대부분의 사람은 돈이 부족합니다. 이유는 분명합니다. 근로소득과 사업소득만으로는 충분하지 않기 때문입니다. 연봉이 2억 원 이상이라 해도, 연 매출이 3억 원이 넘는다 해도 지출이 통제되지 않는다면 '욜로'에서 끝나고, 자본이 나 대신 일해서 스스로 불어나는 시스템을 만들지 않는다면 월급이 끊기거나 노동력이 상실되는 순간 당장의 생계를 걱정해야 합니다.

이것이 바로 이 책을 읽고 있는 당신이 파악한 현실일 겁니다. 그래서 내가 쉬는 동안에도 자본과 자산이 계속 생산되는 방법을 찾고 싶은 것이 아닌가요?

돈이 필요한 사람

부자와 빈자 중에서, 돈이 필요한 사람은 누구일까요? 더 쉽게 말해, 금전적인 도움이 필요한 사람은 부자일까요, 빈자일까요? 질문 같지도 않은 질문이죠.

내가 부자인지, 빈자인지 잘 모르겠다면 다음에 해당하는지 체크해 보세요.

- 돈과 관련된 선택에서 여유롭게 결정을 내릴 수 있다. □
- 하고 싶은 일을 당장 시작할 만한 시간적 여유가 있다. □
- 공간의 제약을 뛰어넘는다. □
- 불필요한 모임을 눈치 보지 않고 거절할 수 있다. □
- 조직과 무리의 규율에 억압받지 않는다. □
- 나의 노동력과 시간을 돈과 맞바꾸지 않는다. □

이 항목 모두에 체크했다면 부자입니다. 반대로 어느 것 하나에도 쉽게 그렇다고 할 수 없는 사람은 아직 부자가 아니며 그래서 돈이 필요합니다.

문제는, 정작 돈이 필요한 쪽은 빈자인데도 이들이 생각보다 돈에 별로 관심이 없다는 겁니다. 부자는 자신의 시간과 노동력을 귀하게 생각하면서 금융 관련 지식을 쌓고 교육을 받습니다. 이들은 끊임없이 자산 증식과 관련된 일에 관심의 끈을 놓지 않고 자산이 불어나는 선순환 구조를 만듭니다. 또한 부자는 부자와 만나는 걸 좋아합니다. 단순한 이유는, 말이 통하기 때문입니다. 그들은 만나서 '돈이 되는 이야기'를 하고 관련 정보들을 서로 공유합니다. 부동산과 주식, 가상화폐, 사업 등 대화의 주제도 다양합니다. 특히 새로운 인맥을 소개받아 전혀 다른 분야의 이야기를 접하는 것도 재미있어 합니다. 그들의 투자와 사업 경험, 거기서 터득한 노하우 등은 결코 책에서 얻을 수 없는 것들이죠. 부자들은 술 한잔 곁들이지 않고도 시간 가는 줄 모르고 이야기합니다. 그리고 헤어질 때는 만남의 시간이 유익했다고 여기며 서로에게서 좋은 기운을 얻습니다.

반면, 단기적인 소비와 지출에 몰두하면서 굳이 자산을 늘릴 필요는 없다고 생각하는 쪽은 빈자입니다. 심지어 "돈 돈 돈" 하는 것을 천박하게 여기기도 하죠. 지금 당장 먹고사는 데 큰 불편이 없고, 투자의 'ㅌ' 자도 몰라도 이때까지 문제없이 살아왔다고 생각합니다. 회사에서도 상사나 다른 직원의 험담, 힘든 업무에 관한 불만만 늘어놓기 바쁩니다. 업무 평가, 승진과 발령, 회사 정치 등 연예계 부럽지 않은 무성한 스토리가 탄생하는 현장입니다. 어쩌다 연봉이나 재테크 관련 이야기가 나와도 건전한 자산 형성의 방법으로 나아가지 않고, 불만에서 그치거나 누가 얼마 벌었다더라 하면서 시기 섞인 가십거리로 마무리 지을 때가 많습니다.

재테크 관심 독자

세계 최대 규모의 영상 플랫폼인 유튜브YouTube에서도 대중의 관심사와 필요를 엿볼 수 있습니다. 다음은 2022년 6월 기준 구독자 수 기반 30위까지의 유튜버 순위입니다(K-POP 가수, 연예 기획사, 방송사, 음원 유통사, 토이, 웹 예능 제외).

순위	채널명	카테고리	구독자 수
1	JFlaMusic	음악	1,760만
2	Jane ASMR 제인	ASMR	1,660만
3	Hongyu ASMR 홍유	ASMR	1,350만
4	햄지	먹방	996만
5	이공삼	먹방	891만
6	쏘영 Ssoyoung	먹방	834만
7	문복희 Eat with Boki	먹방	801만
8	Big Marvel	코믹/일상	799만
9	SIO ASMR	ASMR	784만
10	Sungha Jung	음악	695만
11	야미보이 Yummyboy	음식	677만
12	tzuyang쯔양	먹방	658만
13	PONY Syndrome	뷰티	595만
14	백종원의 요리비책	음식	541만
15	[Awesome Haeun]어썸하은	댄스	522만
16	영국남자 Korean Englishman	코믹/일상	506만
17	떵개떵	먹방	473만
18	Cooking tree 쿠킹트리	음식	453만
19	까니장 [G-NI]	ASMR	450만
20	하루한끼 one meal a day	음식	439만
21	Raon Lee	음악	429만
22	JaeYeol ASMR 재열	ASMR	418만
23	[Dorothy]도로시	먹방	417만
24	허팝Heopop	코믹/일상	398만
25	ARTBEAT	댄스	382만

26	크림히어로즈	동물	376만
27	waveya 2011	댄스	372만
28	교광TV	먹방	366만
29	drawholic	미술	360만
30	Serena Art	미술	339만

자료원: 유튜브

30위까지의 유튜버 영상 카테고리를 살펴보면, 먹방 및 음식 관련 콘텐츠가 12개, ASMR 및 음악 관련 콘텐츠가 8개로 다수를 차지하고 있음을 알 수 있습니다. 나머지도 댄스나 미술 코믹 등 취미 관련 콘텐츠고요. 사실 그 순위를 50위까지 넓혀도 재테크나 투자 관련 경제 유튜버는 단 한 명도 없고, 관련 콘텐츠 수도 '0'입니다.

재테크 관련 채널 중 가장 인기 많은 크리에이터는 슈카인데, 2022년 6월 현재, 224만 구독자를 보유하고 있고 뒤를 이어 삼프로TV와 신사임당이 200만, 182만 명으로 2, 3위를 달리고 있습니다. 이 역시 대단히 많은 구독자 수이긴 하지만 다른 분야의 인기 유튜버 채널의 구독자 수에 비하면 대단히 초라한 숫자입니다. 1,760만 명의 구독자를 거느린 음악 유튜버 제이플라뮤직, 996만 명의 구독자를 거느린 먹방 유튜버 햄지, 541만 명을 보유하고 있는 요리 유튜버 백종원의 채널만 봐도 그렇습니다. 굳이 다른 빅데이터를 볼 필요도 없이 유튜브 구독자 수만 봐도 대중의 관심사에서 재테크는 꽤 먼 쪽에 있음을 알 수 있죠.

'먹고살기 힘들다, 월급으로 내 집 마련은 불가능하다, 자녀교육비 마련이 어렵다, 저축만으로는 집을 살 수 없다. 노후 준비 벅차다' 등 많은 사람이 경제적인 어려움을 토로하고 있지만, 정작 대부분 사람의 관심사는 당장의 유희를 위한 놀이, 운동, 먹방 같은 콘텐츠에 집결되어 있죠. 더불어 음악, 연예, 스포츠, 드라마, 영화 등의 콘텐츠 소비도 압도적으로 높습니다. 실제로 제가 문화센터에 강의를 다닐 때도, 재테크 관련 강의는 항상 쿠킹 클래스나 유아놀이 클래스에 밀리곤 했습니다.

당신은 어떻습니까? 당신의 모바일 유튜브 앱을 켜서 추천 카테고리를 보면 적나라하게 보일 겁니다. 그것이 현재 당신의 주요 관심사를 보여줍니다. 만약 당신의 관심사가 오락적인 콘텐츠에만 쏠려 있다면 당신의 시간을 그곳에 소비한 후 당신에게 과연 무엇이 남을지 한번 고민해 봤으면 합니다. 어떤 콘텐츠이든 수만 명 이상의 구독자를 보유 중인 크리에이터들은 이미 성공한 분들입니다. 그들은 괜찮습니다. 우리가 문제이지요.

문제가 무엇인지 모른다

'가장 큰 문제는 무엇이 문제인지 모른다는 것이다.'

다들 한 번쯤 들어봤을 겁니다. 누가 한 말인지는 모릅니다만, 곱씹을 때마다 명언이라는 생각이 듭니다.

몇 년 전, 사회생활을 통해 오랫동안 알고 지낸 선배가 머리가 지속해서 아프다며 타이레놀을 습관처럼 먹는 걸 목격했습니다. 그래서 '이때까지 경험하지 못한 통증'이라고 생각되면 큰 병원에 가서 MRI나 CT를 찍어보는 게 어떻겠느냐 조심스럽게 제안했죠.

회사에 연차를 내고 대형 병원에서 MRI 촬영을 한 선배는 뇌졸중 초기 진단을 받았습니다. 문제는 두통이 처음 시작됐을 때 찾은 동네 의원 의사의 초기 진단이 잘못되었다는 것입니다. 환자가 지속적인 두통을 호소했다면 의사가 뇌졸중 초기 단계의 증상은 없는지 하나씩 따져보면서 종합병원에 가서 MRI 촬영을 하도록 권고해야 했는데, 그러지 않고 단순 두통약 처방을 했던 것이죠. 다행히 뇌출혈 전 단계였기에 선배는 약물치료와 가벼운 수술로 지금은 정상적으로 생활하게 되었습니다.

당연한 말이지만, 의사의 진단이 제대로 되지 않으면 처방이 제대로 될 수 없습니다. 가끔씩 배가 아프다던 사람이 갑자기 요로결석이나 대장암 진단을 받게 되는 것도 이 때문입니다. 이처럼 초기 진단은 정말 중요합니다. 무엇이 문제인지 알아야 이를 해결할 방법을 찾을 수 있기 때문이죠. 어디 질병뿐인가요?

직장생활에서도 문제 인식, 특히 문제의 핵심을 파악하는 것이 정말 중요합니다. '힘찬 회사'에서 일하는 A 상사는 하루가 멀다고 B 대리를 나무랍니다. A 상사의 업무 지시에 B 대리가 항상 엉뚱한 결과를 가져오기 때문입니다. 다시 말해, 문제 해결을 위한 포인트를 잘 짚지 못하는 것이죠. 반면 A 상사 팀에는 B 대리보다 경력이 짧은 C 사원이 있는데 그는 늘 상사의 인정을 받고 있습니다. 상사가 원하는 것이 무엇인지 정확히 파악해서 업무를 순조롭게 처리하고 있기 때문이죠. 즉, C 사원의 문제 해결 능력이 B 대리보다 뛰어난 겁니다. 결국 얼마간 시간이 흘렀을 때 누가 회사에서 승진도 빠르고 승승장구할지 예측이 어렵지 않을 겁니다.

D 군이 여자친구와 결혼을 앞두고 예비 장인과 장모를 처음 만나는 약속을 잡았습니다. 어떻게 하면 좋은 첫인상을 남길 수 있을지 그는 유부남인 친구 E에게 조언을 구했죠. 그런데 E가 "너, 집도 없는데 결혼부터 하려고? 네 형은 아직 미혼이지 않아? 너는 여자친구를 정말 사랑하니?" 같은 초점에서 어긋나는 이야기만 계속 늘어놓는다면 어떨까요? 더는 D 군이 E를 찾지 않게 되겠죠. D 군에게 필요한 건 "첫 만남이니 격식에 맞게 옷을 잘 차려입고 가는 게 좋을 것 같아." "너무 부담스럽지 않을 정도의 홍삼 같은 선물을 챙겨서 찾아뵈는 건 어떨까?" 같은 현실적인 조언이었을 테니 말이죠.

이처럼 문제가 무엇인지 알고, 해결의 포인트가 무엇인지 명확히 파악하는 것은 대단히 중요합니다. 재테크도 마찬가지입니다. 수많은 책 중에 이 책을 선택해 펼쳐 든 당신은 어떤 문제를 가지고 있나요? 혹 노후와 미래를 위해 돈을 좀 모으고 굴려야겠다고 생각하는데 어떻게 해야 할지 몰라서 이 책을 골랐나요?

그렇다면 '문제'를 파악하는 것이 첫 번째 해야 할 일입니다.

재테크의 출발점은 자신의 수입 및 지출 내역을 낱낱이 파악하는 것입니다. 부부라면 최소한의 비자금이나 비상금을 제하더라도 서로의 소득과 지출 내역을 공유하는 것이 재정 관리에 유리합니다. 그렇게 가정의 수입 및 지출 내역을 현미경을 통해 보듯 꼼꼼히 살피면 인지하지 못했던 '문제'가 확인될 겁니다.

매월 고정비용은 얼마인지, 그중에 없어도 되는 건 없는지, 경조사비는 대략 얼마 정도 나가는지, 통신비를 줄일 방법은 없는지, 식비에 얼마 정도 소요되며 일주일에 몇 번꼴로 마트에 가는지 등을 살피다 보면, '줄일 수 있는 비용'이 보일 겁니다. 투자에서 가장 중요한 것은 수익률인데, 1~2%대 은행 수익보다 훨씬 높은 수익을 낼 수 있는 가장 빠른 방법은 지출을 줄이는 것이라는 걸 잊지 마세요. 금융상품이나 모임 경비, 일부 교육비 등 꼭 필요한 게 아니라면, 단호하게 줄여야 합니다. 줄인 지출 비용이 재테크를 위한 재원이 될 수 있으니까요.

잘못된 원인 파악

문재인 정권에서는 부동산 가격이 폭등했습니다. 하지만 전 정권의 가장 큰 문제는 부동산 폭등의 원인을 주택 공급 부족 등에서 찾지 않고, 다주택자의 투기에서 찾아 그들에게 책임을 돌렸다는 것입니다. 투기심리를 위축시키겠다는 목적 아래 서른 번 가깝게 대책을 쏟아냈지만, 결국 그렇게 잡고 싶다던 '집값'은 잡지 못했습니다.

"예상치 못한 세대수 증가로 집값이 올랐다"라는 말은 국가의 현재와 미래를 담당하는 수장이 할 수 있는 멘트는 아닌 것 같습니다. 그렇게 말한다고 해서 책임을 회피할 수도 없죠. 대한민국의 공공임대(국가) 비율은 10% 정도입니다. 이는 임대 시장의 나머지 80~90%의 주택은 결국 민간업자들이 제공하고 있다는 말입니다. 이러한 뚜렷한 명제를 부정했기에 문제의 원인을 공급이 아닌, 다주택자와 투기꾼 등에서 찾은 것이죠.

정부의 규제가 나올 때마다 언론은 늘 그래왔듯 자극적인 기사를 쏟아냈고, 자산의 가치가 폭락할까 봐 겁먹은 사람들은 거주하고 있던 집마저 내다 팔았습니다. 무주택자들은 정부가 집값을 잡아줄 거란 말을 신봉하면서 무작정 전·월세의 길로 들어섰고요. 지금이라도 눈을 감고 한번 생각해 봅시다. 문제가 무엇인지, 그 원인이 무엇인지 말이죠. 초기 진단이 잘못되면 매사를 그르치게 됩니다.

문제란 무엇일까요? 지금 내가 서 있는 곳과 내가 하고 싶고 얻고 싶고 마침내 가고 싶은 곳 사이의 갭. 그것이 문제의 정의입니다. 문제를 정확히 파악하고, 그 원인을 제대로 찾아낸다면 그에 대한 해결책을 마련하게 되고 그것이 당신을 풍요로운 길로 인도할 것입니다.

지금 당신에게는 어떤 문제가 있습니까? 머리가 아프다면, 종이와 볼펜, 딱 두 가지만 준비하세요. 그리고 차분한 마음으로 다음을 적어 봅니다.

1. 지금 문제라고 생각하는 것
2. 그것이 문제인 이유(단, 이것이 진짜 문제인지는 다시 검증할 것)
3. 이 문제를 해결하기 위해 해야 할 일

종이에 이 세 가지를 모두 기록했나요? 1번과 2번을 기록하는 것은 그리 어렵지 않을 것입니다. 그런데 3번은 쉽지 않을 수 있습니다. 3번에 대한 답을 알지 못해서 이 책을 읽기 시작했을 테니까요.

해결책을 찾다

저 역시 대한민국의 전형적인 월급쟁이로서 아내와 함께 10년 이상 맞벌이를 해왔습니다. 하지만 한 가정의 경제주체인 부부임에도 서로의 자산 상황을 공유하지 않았고, 얼마가 들어오고 나가는지를 정확히 파악하지 못했습니다. 아니 하지 않았다고 하는 것이 맞을 겁니다. 정확한 소득과 지출, 자산 상황을 파악하고 나면 어깨를 짓누르고 있는 빚의 무게가 더욱 무거워질 수도 있다는 두려움 때문이었죠. 그래서 수년간 대출이자만 갚아 나가면서 '괜찮아, 점차 나아질 거야. 잘하고 있는 거야' 하면서 일종의 '정신 승리'만 했습니다.

하지만 주식 투자 등으로 무리하게 일으킨 대출은 순자산 마이너스 1억 원이라는 엄청난 부메랑으로 돌아왔고, 결국 월급만으로는 이를 절대 갚을 수 없다는 현실에 타격을 입었지요. 다행이라면, 좌절감을 절박함으로 바꿔 투자를 공부했고 '부동산 투자'에 길이 있다는 걸 깨달았다는 겁니다. 준비도 없이 뛰어든 투자로 사회초년생 때 종잣돈 1억은커녕 빚 1억을 지고 힘들게 살았지만, 부동산 투자는 제게 장기투자, 가치투자, 마음 편한 투자로 희망을 안겨주었습니다. 그래서 월가의 전설적인 투자자 '피터 린치Peter Lynch'처럼 부동산 투자도 그렇게 해보리란 마음으로 부동산의 '붇'과 '피터 린치'를 결합해 닉네임을 '붇터린치'로 지었고요. 그렇게 2013년 부동산 투자에 입문한 뒤 부동산 경매와 다양한 방식으로 재기를 노렸고 10년간 투자한 끝에 순자산 마이너스 1억 원은 어느덧 순자산 50억 원으로 바뀌었습니다. 물론 근로소득이라는 훌륭하고 안정적인 현금흐름 덕분에 시세차익형 투자로 자산을 수십 배 불릴 수 있었습니다.

순자산 50억 원, 총자산이 100억 원에 이른다고 하면 많은 이가 부러워하면서 제가 경제적 자유인이 되었을 거라 예상할 겁니다. 하지만 수년간 이어진 부동산 상승장에서 자산은 크게 늘었다고 해도 평생 돈 걱정 없이 살려면 사실상 현금흐름을 확보하는 것이 중요하다는 걸 대다수가 모릅니다. 자산은 팔지 않는 이상 사이버머니에 불과하며, 생활을 위해서는 '현금'이 필요한 법이죠. 이러한 이유로 회사는 그만두고 싶어도 월급은 포기할 수 없게 되는 겁니다. 그래서 저는 남성의 육아 휴직이 보편적이지 않은 금융권 종사자였음에도, 과감하게 육아 휴직을 쓰고 무인 사업에 뛰어들었습니다. 2년간 노력한 끝에 무인 사업으로 현재 월 순수익 500만 원을 창출했고, 이 외에 기타 임대소득과 강연 등으로 월급 외 수익 총 1,000만 원의 현금흐름을 만들었습니다.

저는 '파이어족(경제적 자립, 조기 퇴직Financial Independence, Retire Early의 첫 글자를 따 만들어진 신조어로. 젊었을 때 배당이나 임대소득을 마련해 늦어도 40대에는 조기 퇴직해 이 소득만으로 생활하는 이들)'이 아닙니다. 정확히 말하면 '반퇴족'입니다. 반퇴란 육아 휴직이나 퇴직을 한 뒤 본인이 하고 싶은 사업이나 다른 일을 하면서 직장에 얽매이지 않고 생활하는 것을 뜻합니다. 일을 하고 있긴 하지만 내가 원해서 또 능동적으로 찾아서 하는 일이기에 성과도 높고, 보람도 큽니다.

사실 어떤 문제에 대한 해결책이 딱 한 가지만 있는 건 아닙니다. 다만 흙수저 출신으로 대한민국 월급쟁이로서 열심히 일했던 제가 부딪힌 '문제'가 여러분이 인식하는 문제와 크게 다르지는 않을 것 같습니다. 그래서 저는 이 책에서 저의 문제를 해결하기 위해 스스로 찾은 해결책과 이를 어떻게 해왔고, 이로써 어떤 결과를 얻었는지 이야기하고자 합니다. 부디 이 책에 담긴 저의 개인적인 이야기가 여러분의 문제를 해결하는 데 조금이라도 도움이 되고 여러분의 문제를 보다 쉽게 푸는 '힌트'라도 되길 바랍니다. 모두의 건승을 빕니다.

붇터린치

목차

1장 나의 문제

2장 모두의 문제

3장 내가 찾은 해결책

4장 자산 증식을 위한 부동산 투자

5장 월 수익 창출을 위한 무인 사업

6장 당신의 시작을 위하여

7장 새로운 꿈

1장

나의 문제

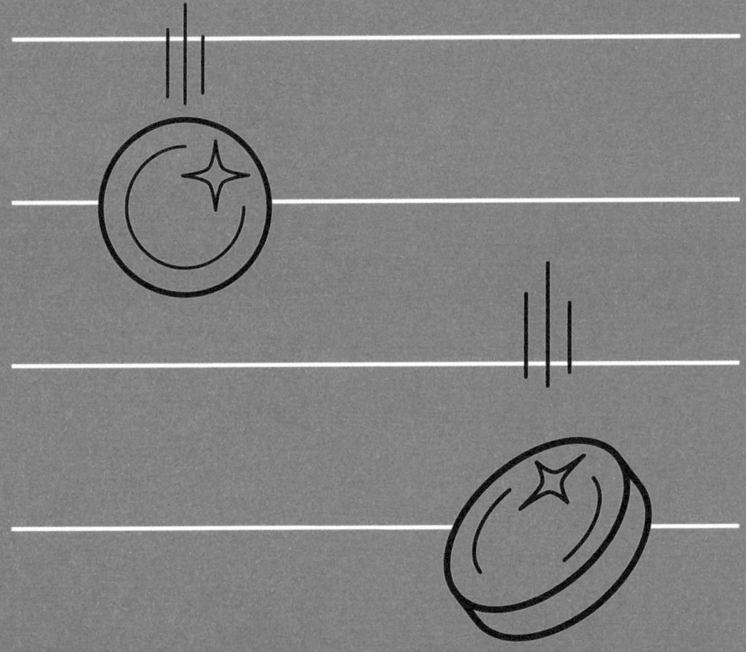

01

한 방을 노린 투자, 한 방에 나락으로

2009년 12월, 사회생활을 시작했습니다. 금융위기 직후였던 터라 취업난이 심각했지만 운 좋게 졸업과 동시에 취업이 되었습니다. 당시 저희 회사의 대졸 공채 초임 연봉이 5,000만 원에 조금 못 미쳤는데, 지금 봐도 급여 수준은 꽤 괜찮은 회사였지요.

스무 살 때부터 시작된 원룸 자취생활은 입사한 뒤로도 도시만 바뀐 채 죽 이어졌습니다. 그러다 2010년 여름이었던 걸로 기억합니다 '이제 나도 어엿한 직장인이 되었으니, 투자 좀 해볼까?' 하는 마음에 증권 계좌를 개설했지요. 바로 이 시점부터 저의 인생은 급.격.한. 하락장으로 접어들었습니다. 도대체 무슨 일이 있었냐고요?

독일에서 월드컵이 열렸던 2006년, 군 제대 후 6개월간 아르바이트를 해서 모은 돈 500만 원으로 저는 혼자 유럽 배낭여행을 떠났습니다. 거기서 저보다 네 살 많은 형을 알게 되었죠. 저와 전공도 비슷한 상경 계열 대학생이었던 그는 뛰어난 리더십과 유창한 영어 실력, 남다른 포용력과 친화력을 겸비한 사람이었고, 저는 순식간에 형의 멋진 모습에 반했지요. 한국에 돌아와서도 그와 교류하면서 연락하고 지냈습니다.

형은 대학을 졸업한 후 국내 최고의 증권회사에 입사했습니다. 그의 가입 추천에 저는 기다렸다는 듯이 계좌를 개설하고 주식 투자의 세계에 입문했지요. 그렇게 시작한 주식 투자는 형이 물어다 준 고급 정보 덕분인지 처음엔 꽤 괜찮은 수익으로 돌아왔습니다. 하지만 시간이 흐르면서 저는 점점 잡주에 투자하게 되었고, 그중 한 종목이 상장 폐지에 이르더니 나머지 종목도 큰 손실로 치달았습니다.

돌이켜보면 형이 문제였던 건 아닙니다. 그가 가볍게 흘린 정보에도 무리하게 대출까지 일으켜 투자에 뛰어든 것은 저니까요. 마치 주식 투자를 합법적인 도박처럼 여겼던 겁니다. 우량주는 오름폭이 크지 않아 투자하는 입장에서는 재미가 없었기에, 변동성이 큰 소위 동전주, 잡주에 투자하기 시작했고, 손실을 크게 입어도 금방 본전을 찾을 수 있을 거라는 착각에서 쉽게 벗어나올 수 없었습니다. 제 말에 고개가 끄덕여진다면, 주식 투자를 멈추길 권합니다. 단타로 수익을 내는 트레이더들과 일반인은 전혀 다르니까요. 그렇게 저는 타인의 말을 쉽게 믿고, 쉽게 투자하고, 쉽게 돈을 날렸습니다.

제가 주식 투자를 한 방법은 다음과 같습니다. 이렇게 하면 누구나 금방 망할 수 있다는 것을 알려드리기 위해 굳이 페이지를 할애해 정리했습니다.

100% 망하는 주식 투자법

1. 직장인의 지위를 이용해 특별한 계획도 없이 신용대출을 '최대한' 많이 받는다.
2. 주식 종목에 대한 분석도 없이 오직 '감으로' 종목을 선정한 뒤 분할매수가 아닌, 일시매수한다.
3. 우량주보다는 단기 변동성이 큰 테마주에 관심을 갖는다. 인생은 한 방이라고 믿으면서, 대형주보단 변동성이 커서 호가창 들여다보는 맛이 일품인 잡주에 분산투자가 아닌 몰방투자한다.
4. 자칭 전문가나 타인의 조언을 절대적으로 신뢰한다.
5. 결과가 좋지 않아도 손절매하지 않고, 고집스럽게 보유하다가 상장폐지 직전에 매도한다.

월가의 '영웅'으로 추앙받는 피터 린치가 말한 '가치투자'와는 그야말로 정반대되는 행위였지요. 그렇게 주식에 1억 원을 투자한 끝에 제가 건진 돈은 2,000만 원에 불과했습니다. 그런데 더 큰 문제가 있었습니다. 이것이 문제라는 걸 몰랐다는 겁니다.

무슨 소리냐고요? 당시 저는 1억 원에 달하는 대출금을 원금과 이자를 함께 갚아가는 '원리금 상환'이 아닌 매월 이자만 40만~50만 원 정도 내다가 만기일에 한꺼번에 원금을 갚는 '만기일시상환'으로 빌렸습니다. 그렇다 보니 '언젠가는 주가가 상승할 거야, 조만간 좋아지겠지' 하면서 안일하게 정신 승리만 하고 있었죠. 사태의 심각성을 전혀 깨닫지 못하고, 무엇이 문제인지 몰랐던 탓에 매월 카드값이 200만~300만 원씩 나가는 소비 행태도 달라지지 않았고요. 무려 이때는 결혼하기도 전이었는데 말이죠.

그것도 모자라 1년에 한 번씩은 꼭 해외로 여행을 다녔습니다. 이럴 때는 상여금이나 보너스로 카드값을 추가로 냈지요. 회사생활로 고생한 나 자신에게 그 정도는 해줄 수 있지 않나 하는, 일종의 보복 소비였습니다. 물론 그렇게 다닌 여행이 젊은 시절 좋은 경험과 지혜를 선물해 주었기에 아깝다는 생각은 들지 않습니다. 다만 큰 비용을 쓸 때마다 '내가 회사에서 얼마나 고생을 하는데, 나를 위해 그 정도도 못 써?' 하면서 흥청망청 탕진한 건 사실입니다.

투자 손실을 만회하기 위해 벌인 그다음 행보는 더욱 놀랍습니다. 저는 사업에 투자했습니다. 앞서 소개한 '아는 형님'의 의류 사업에 추가 대출까지 받아 4,000만 원을 투자한 겁니다. 아무런 서류도 없이 말이죠. 무서류, 무방문, 당일 지급 OK!로, ○○ 저축은행이라도 된 양 그냥 돈을 보낸 겁니다. 형과 함께 사업을 직접 운영할 분을 찾아가 단 10분간의 브리핑을 듣고 개인 신용대출까지 일으켜서 말이죠. 중국에 공장을 세우고 의류를 생산해서 국내에 판매하겠다는 계획이었는데, 아이템은 당시 전 세계적으로 유행했던 게임 '앵그리 버드' 관련 굿즈였습니다.

결과는 누구나 예상할 수 있듯, 또 망했습니다. 투자를 빙자한 사기를 당한 것이었는데, 사실 형 또한 피해자였지요. 그때도 자세한 분석과 공부도 없이 무리하게 대출을 일으켜 투자를 강행한 제 잘못이었습니다. 투자한 돈은 어떻게 됐냐고요? 한 푼도 돌려받지 못했습니다. 그렇게 2012년 가을, 직장생활 4년 차였던 저의 순자산은 마이너스 1억 원이 되었습니다.

두 번의 실패 그리고

상황이 이렇게 흘러갔음에도 저는 주변인들에게 이런 이야기를 털어놓을 수 없었습니다. 이야기를 해 봐야, "야, 너 연봉이 얼만데? 모아둔 돈은 있을 거 아냐, 그래도 그 정도면 금방 갚겠지~"라고 할 게 뻔했으니까요. 사실상 '속 빈 강정, 빈 깡통'이었음에도, 사람들은 제 힘든 이야기에 그야말로 '찐 공감'을 해주지 않았습니다.

시간이 흘러 지금의 아내를 만나며 연애를 시작하면서 자연스럽게 결혼을 생각하게 됐습니다. 주식과 사업에 투자했다가 두 번이나 큰 손실을 보긴 했지만, 고액 연봉을 받으며 회사생활을 4년가량 했으니 어쨌든 돈이 좀 모였을 거라고 생각했습니다. 꽤나 긍정적이었지요. 사실은 무지한 착각이었지만.

당시 저와 비슷한 시기에 금융권에 입사해서 같은 연봉을 받고 있던 대학 동기들은 1억 원가량을 모았다고 했습니다. 하지만 제가 결혼을 앞두고 가입했던 각종 금융상품 등을 합산한 결과는 참담했습니다. 1,000만 원도 채 안 되었으니까요. 앞이 캄캄했습니다.

남들이 돈을 차곡차곡 모아 미래를 꿈꾸는 동안 나는 너무 많은 것을 잃어 재기하지 못할 것 같았습니다. 1억을 모으기는커녕 1억을 빚으로 안고 있는 상황. 이 큰돈을 어떻게 갚아야 할까? 여자친구에게 내 자산이 얼마인지 차마 말할 수도 없더군요. 결혼은 해야 하는데 집은커녕 돈도 없었습니다. 돈에서 해방되는 길은 정말 없는 것일까?

제 인생의 전환점은 2012년 겨울에 찾아왔습니다. 여러 실패를 거듭했음에도 제가 하나 잘한 것이 있다면, 꾸준히 책을 읽었다는 것입니다. 독서광이라고는 할 수 없었지만 저는 틈만 나면 서점에 가서 시간을 보내길 좋아했습니다. 지금도 기억이 생생한 그 날도 회사에서 고된 한 주를 보내고 지친 몸과 마음을 이끌고 대형서점을 찾았습니다. 저는 자연스럽게 경제·경영 매대로 발길을 옮겼고 거기에서 꽤 자극적인 제목의 책들을 훑어나갔습니다.

수십억 자산가가 된 XX 과장, 경매로 1년에 몇십억을 벌었다는 흙수저, 부동산 투자로 인생을 바꿨다는 월급쟁이 등…. 저는 제목에 이끌려 서점 매대 앞에 선 채로 여러 책을 완독했습니다.

그때가 바로, 자본주의와 투자에 관한 저의 생각과 태도에 '문제가 무엇인지'를 발견한 순간이었습니다.

돈이 유일한 해답은 아니다.
하지만 돈은 많은 것을 바꿀 수 있다.

_버락 오바마, 미국 제44대 대통령

02

돈을 밝힐 것인가, 돈에 밝을 것인가

어릴 적부터 저는 부자가 되고 싶었습니다. 사실 쌀이 없어서 끼니를 거른 적은 없었기에 우리 집이 찢어지게 가난했던 건 아닌 것 같습니다. 하지만 우리 집에는 초등학교 시절 친구들이 즐기던 게임기도, 비디오 플레이어도, 컴퓨터도 없었고, 친누나와 제가 각자의 방을 소유해 본 적도 없었습니다. 아버지는 사업상 필요해서 장만했던 트럭을 제가 대학교에 들어가기 전까지 모셨습니다. 꼬마 때는 몰랐지만 초등학교 고학년이 되자 괜한 자존심에 트럭을 타고 어디에 갔을 때 주변에 사람이 많으면, 끝내 차에서 내리지 않고 용변이 마려워도 화장실에 가지 않고 참았던 기억이 납니다. 정말 철없게도 허름한 트럭에서 내리는 것이 부끄러웠던 거죠.

넉넉한 형편이 아니었음에도 어머니는 저를 여섯 살 때부터 피아노 학원에 보내셨습니다. 본인이 어릴 적 부잣집 친구가 바이올린을 배우는 게 그렇게 부러웠다며, 저에게 악기 하나쯤은 다룰 줄 알아야 한다고 하셨죠. 피아노를 배우다 재미가 없어서 학원비로 오락실 게임을 하고 과자를 사 먹었던 날을 기억합니다. 그날 아버지에게 걸려 흠씬 두들겨 맞았는데, 그렇게 아버지에게 혼난 건 그때가 유일했습니다. 정말 아팠는데, 아버지는 마음이 많이 아프셨겠지요.

이처럼 한국의 베이비부머 세대들은 그들의 자녀 세대인 MZ 세대에게 엄청난 교육열을 쏟아부었습니다. 본인들의 이루지 못한 꿈을 자녀를 통해 대리만족이라도 하려는 듯 말이죠. 그 결과가 어떤가요? 현재 베이비부머 세대의 70%는 노후 준비가 온전히 되어 있지 않습니다.

저의 어머니나 아버지는 누나와 제게 늘 돈을 경계하라고 하셨습니다. 돈을 밝히지 말라고요. 한 번은 "돈은 참 더러운 것이다"라고 말씀하셨던 기억도 납니다. 사람이 너무 돈, 돈 거리면 안 된다고 입버릇처럼 이야기하셨죠. 이렇게 우리 부모님은 저희 남매에게 돈에 대한 부정적인 인식을 심어주셨습니다.

중학생 때로 기억합니다. 설에 온 가족이 차를 타고 큰집에 가는 길이었습니다. 누나와 이야기를 하다 갑자기 언성이 높아졌습니다. 저는 어른들이 조카나 손아랫사람을 아낀다면 당연히 설에 세뱃돈을 줘야 한다고 했고, 누나는 무슨 돈이 중요하냐고, 좋아하고 아껴주는 마음이면 그 자체로 된 거라며 저를 나무랐죠. 삼촌이나 큰아버지께 용돈을 받고 싶은 마음이 컸던 저와 의젓한 누나의 설전은, "돈 밝히지 마라. 앞으로 내 앞에서 돈 이야기는 꺼내지도 마!"라는 누나의 마지막 말로 종료되었습니다. 왜인지 모르게, 저는 그날의 대화가 지금까지도 잊히지 않습니다. 그로부터 20여 년이 지난 지금, 돈을 밝히던 저는 자산을 늘려 이제 나누는 삶으로 방향을 바꾸고 있고, 돈을 멀리하던 누나는 자산 없이 신용대출만 늘고 있습니다.

여전히 저는 돈을 좋아합니다. 돈을 좋아하는 가장 큰 이유는 저에게 자유를 주기 때문입니다. 살고 싶은 집에 살 수 있는 자유, 타고 싶은 차를 탈 수 있는 자유, 일하고 싶을 때 할 수 있는 자유, 일하기 싫을 때 쉴 수 있는 자유, 하고 싶은 것을 할 수 있는 자유, 가고 싶은 곳에 갈 수 있는 자유, 사고 싶은 것을 살 수 있는 자유, 먹고 싶은 것을 먹을 수 있는 자유, 입고 싶은 것을 입을 수 있는 자유, 볼 수 있는 것을 볼 수 있는 자유, 만나기 싫은 사람을 만나지 않아도 되는 자유, 가고 싶지 않은 곳에 가지 않아도 되는 자유를 줍니다. 자유야말로 모든 인간이 갈망하는 것이 아닐까요?

돈을 터부시하는 이들은 "돈이 많다고 행복한 것은 아니다"라고 말합니다. 맞는 말입니다. 또한 그들은 "돈이 결부되면 분란과 잡음이 끊이지 않는다"라고도 덧붙입니다. 그렇습니다. 하지만 생각해 보세요. 돈이 없어 궁핍한 곳에 항상 더 많은 소음과 싸움과 불안이 넘칩니다. 가난한 나라에 총성이 끊이지 않는 것처럼 말이죠. 돈이 있다고 무조건 행복한 것은 아니지만, 돈이 없으면 불행해질 요소가 넘쳐납니다. 돈이 없으면 걱정이 한가득이고 돈이 많으면 행복할 수 있는 선택의 폭이 넓어집니다. 사실 부자가 아닌 사람이 하는 고민의 90%는 돈과 관련된 것들이 아닌가요?

자본주의 사회의 공기

우리가 사는 대한민국은 자본주의 사회입니다. 이름처럼 자본, 즉 돈과 관련된 환경들로 둘러싸여 있습니다. 자본주의에 대해 어떻게 생각하든 나의 가치관이나 의지와 상관없이 세상은 흘러갑니다. 돈을 밝히든지 돈에 밝든지 선택은 자신에게 달렸지만, 돈에 무지할수록 세상살이가 더 힘들어진다는 건 말할 필요도 없는 이야기죠.

좋은 집에 살고 싶고, 좋은 차를 타고 싶고, 좋은 옷을 입고 싶은 건 인간의 본성입니다. 그런 욕망이 자본주의 사회에서는 확연히 드러날 뿐이죠. 그런데 원하고 바라는 것을 이루기 위해 열심히 노력하고 최선을 다하는 것은 아름다운 일이 아닐까요?

세계적인 경영 컨설턴트인 보도 섀퍼Bodo Schafer도 말했습니다. “자본과 투자를 활용하지 않는 건 경제적으로 석기시대 한가운데 사는 것과 다름없다.”

금수저가 아닌데, 어떻게 부자가 되느냐고요? 이 같은 인식으로는 지금 새롭게 탄생하고 있는 신흥 부자들을 설명할 길이 없습니다. 작년에도, 올해도 여러 다양한 분야에서 수많은 성공 스토리가 나오고 있습니다. 그들 모두가 금수저는 아닙니다. 자본주의 사회에서 오히려 기회는 열려 있죠.

언제부터인지 제 주변은 돈에 관심이 많은 이들로 채워졌습니다. 우리는 만나면 어떻게 해야 돈 걱정에서 벗어날 만큼의 돈을 벌 수 있는지, 자산을 늘리는 방법에는 어떤 것들이 있는지 등을 서로 나누고 가끔 토론도 합니다. 이런 이야기들은 재미있습니다. 우리는 서로 배우고, 부자가 되어 이를 통해 선한 영향력을 끼치는 삶에 관해서도 이야기합니다.

무엇이든지 긍정적으로 생각해야 우리의 뇌가 이를 위해 일합니다. 부정적으로 생각하는 순간 가능성은 닫혀버립니다. 누구에게나 장단점이 있는데 장점은 무시하고 단점만 생각하면서 부정적인 생각에 사로잡히면 충분히 할 수 있는 것도 하지 못하게 됩니다. 생각해 보세요. 부정적인 생각으로 도전하지 않는 것보다, 긍정적인 생각으로 도전하는 것이 성공의 가능성을 키우는 것이 아닐까요? 설사 실패하더라도 그런 사람은 다시 일어설 수 있습니다.

원한다면 갈망할 것

2017년 설이 지났을 무렵, 인생 최초로 저는 제대로 된 목표와 계획을 세웠습니다. 중요한 것은 자발적인 의지로 기록했다는 겁니다. 초등학생 때 세운 방학 계획은 솜사탕처럼 없어지고 회사에서 세운 연초 개별 고과 목표와 KPI는 늘 미달로 그쳤는데, 서른이 훌쩍 넘어서야 내가 진짜 원하고 간절히 바라는 것이 무엇인지 알게 되어 자의에 따라 경제적인 목표와 계획을 세우고 종이에 적은 것이죠.

바로 이때가 모든 생각과 행동 습관이 바뀌면서 부와 행복의 길로 들어선 순간이었던 것 같습니다. 당시 제가 세운 재정적인 목표는 '2023년까지 순자산 10억 원 달성'이었습니다. '2025년까지 순자산 20억 원', '2030년까지 순자산 30억 원' 이렇게 구체적인 숫자와 함께 세부적인 방법도 기록했습니다. 매일 아침 일어나서 출근할 때까지 머릿속으로 목표를 되뇌었습니다. 반드시 부자가 되리라 다짐했습니다. 차 안에서 큰소리로 외친 적도 있습니다. 그러고 나면 가슴이 뜨거워지곤 했죠.

놀랍게도 경제적인 목표를 기록하고 열망하는 순간부터 돈이 저에게 왔습니다. 목표도 굉장히 빠른 시기에 훨씬 초과 달성했지요. 저는 매년 초 목표 금액을 변경하고 있습니다. 급격한 부동산 상승장을 맞아 상향 조정이 필요했으니까요.

자본주의 사회를 비난하면서 돈을 멀리하는 사람들은 이와 관련해서 공부하지 않기 때문에 돈에 대한 특별한 목표나 비전이 없습니다. 심지어 저축조차 하지 않는 경우도 많습니다. 그저 모든 것을 나중으로 미루지요.

이 책을 읽고 있는 당신은 돈에 대한 필요성을 인식한 사람일 겁니다. 그렇다면 이제 기록해야 합니다. 당신이 부자가 되고 싶은 이유를 생각해 보고, 이를 위해 얼마의 돈이 필요한지 그 목표를 구체적으로 기록해야 합니다. 경제적 목표를 달성했을 때 하고 싶거나 사고 싶은 것을 시각화해서 방이나 차에 두면 훨씬 효과가 좋습니다. 그러한 목표를 타인에게 공유할 경우 목표 달성률도 10% 더 올라갑니다. 확실한 건 이것입니다. 돈으로부터 자유롭고 싶다면, 돈을 벌어야 한다는 것.

절대로 돈에 대해 나쁘게 말해서는 안 된다.
돈을 욕하면 돈이 당신에게서 도망간다.
_익명

03

나의 경제·금융 IQ?

2015년 미국의 신용평가기관인 스탠더드앤드푸어스가 세계 각국의 금융이해력을 조사했다고 합니다. 국가별 금융이해력 지수는 스웨덴, 노르웨이, 덴마크가 각 71점으로 가장 높았고, 그다음엔 이스라엘, 캐나다가 68점으로 상위에 랭크됐지요. 그럼 한국인들의 금융이해력은 어떨까요? 놀랍게도 우리나라는 33점으로 77위였는데 이는 35점을 받은 아프리카 가봉, 34점을 받은 우간다보다 낮았습니다. 세계 10대 경제대국인 대한민국의 현실에서 충격적인 결과가 아닐 수 없지요. 도대체 왜 이런 결과가 나온 것일까요?

저는 교육과 관련이 있다고 봅니다. 당신은 어린 시절 '돈'과 관련해 어떤 교육을 받았나요? 사실 교육이라고 할 만한 것도 없었지만, 앞서 말했듯 저의 부모님과 선생님, 주변 어른들은 늘 이런 말씀을 하셨습니다.

"돈 밝히지 마라."

"돈, 돈 거리지 말고 돈을 멀리해라."

"되도록 대출을 받지 마라. 대출은 위험하다."

"빚을 내서까지 집을 사면 안 된다."

"좋은 대학만 가면 된다."

"사업은 한순간에 망할 수 있으니 좋은 직장에 취업해라."

"주식은 도박처럼 패가망신의 지름길이다."

"부자는 악하다."

이렇게 경제와 금융, 돈과 부, 부자에 관해 한결같이 부정적인 이야기만 듣고 자란 이들이 하루아침에 '투자와 재테크'의 필요성을 인식하고 이를 공부하며 추구하기는 어려운 일입니다. 앞서 말했듯, 저희 부모님도 마찬가지였습니다. 항상 절대로 빚을 져서는 안 되고, 공부 열심히 해서 좋은 대학에 가고 사업은 위험하니 무조건 직장에 들어가라고 하셨죠.

대학 간판이 모든 것을 해결해 주던 시절이 있긴 했습니다. 고등학교까지 열심히 공부해서 좋은 대학에 들어가면 20~30년간은 탄탄대로였지요. 그래서 초, 중, 고 12년간 죽기살기로 공부하다가 대학에 입학하면 갑자기 들이닥친 자유에 나태해지기도 했지요. 물론 이것도 평생학습의 시대가 열리기 오래전의 이야기일 테지만.

저는 대학교에 들어가 무역학과 경영학을 전공했습니다. 졸업한 후엔 13여년간 금융권에 몸담았죠. 은행에서 기업금융 업무를 담당하다가 금융그룹의 스텝 부서에서 6년간 일하고 영업관리, 교육 업무도 오랜 기간 담당했습니다. 하지만 금융권 재직자라고 해서 일반인에 비해 돈과 경제에 관해 더 해박하거나 경제·금융 IQ가 월등히 높은 건 아닌 것 같습니다. 어찌 보면 전혀 상관관계가 없다고 해도 틀린 말이 아닙니다. 금융권 재직자들의 경제·금융 IQ가 높다면 남들보다 확실히 경제적으로 여유롭거나 그들 모두 부자가 되어야 하지 않을까요? 하지만 실상은 그렇지 않습니다(이는 금융권 재직자의 연봉에 관한 이야기가 아닙니다).

물론 금융권 재직자들이 LTV나 DSR, DTI 같은 금융 관련 용어나 주택청약 시스템, 대출 조건 등은 빠삭하게 외우고 있을 순 있습니다. 하지만 용어를 안다고 부자가 되는 건 아니죠. 경제학과 교수들이 모두 부자는 아닌 이유도 이 때문이고요.

신입사원 시절, 선배들을 보면서 이런 생각을 하곤 했습니다. '다들 일반 직장인들에 비해 월급도 많이 받고 있을 텐데, 왜 여유롭고 넉넉한 사람이 없지?' 비단 제가 몸담았던 회사들만 그랬던 건 아닙니다. 친구나 지인 들을 만나서 이야기를 해 봐도 높은 연봉이 많은 자산으로 꼭 연결되는 것은 아니었습니다. 대기업이나 금융권에서 일하는 사람들 중에서 근로소득 외 현금흐름을 창출하거나 다른 자산을 가진 경우는 10%도 안 되었던 것 같습니다.

어느 회사나 업무를 주고 그에 대한 대가로 급여를 지급할 뿐, 직원이 다른 수단으로 돈 버는 방법을 알려줄 리 만무하지요. 학교도 마찬가지입니다. 제가 받았던 교육도 그랬지만, 오랜 시간이 흐른 지금 우리의 자녀들이 받는 교육도 달라지지 않았습니다. 돈을 버는 방법과 부자가 되는 길에 관해 알려주는 교육기관은 대한민국에 단 한 곳도 없습니다.

경제·금융 IQ가 중요한 이유

만약 IQ 검사를 했는데, 점수가 평균보다 월등히 높게 나왔다고 합시다. 어떻습니까, 싫을 사람이 있을까요? 물론 IQ는 유전적인 부분도 무시할 수 없지만, 후천적인 노력과 주변 환경에 따라 변화가 크다는 것이 여러 연구 결과로 증명됐습니다.

IQ가 높다는 건, '문제'의 핵심을 제대로 파악하고 그에 대한 해결책을 찾는 능력이 뛰어남을 의미합니다. 문제를 이해하지 못하고 파악하지 못하면, 해결할 수도 없습니다. 경제·금융 IQ

도 마찬가지죠. 많은 사람이 가정과 자신의 경제 상황이 어떤지 파악조차 못 한 상태에서 매일 신용카드를 긁어가며 소비를 통해 심리적 만족감을 채우기에 급급합니다. 저 역시 사회초년생 때 무리한 업무로 지친 몸과 마음에 스스로 보상하겠다며 돈을 쉽게 써댔기에, 그 마음을 누구보다 잘 압니다. 금융감독원의 조사 결과에 따르면, 경제·금융 IQ가 낮을수록 투기적 성향이 강해서 파산할 확률도 높았다고 합니다.

수입과 지출 등 재정에 관한 현실 파악이 안 되면, 그저 충동적으로 물건을 구매하고 먹고 싶은 것이 눈에 띄면 무턱대고 음식을 주문하는 등 무분별하게 신용카드를 긁게 됩니다. 이번 달에도 월급이 정상적으로 들어왔고 회사를 그만두지 않는 한 다음 달에도 어김없이 월급이 들어오겠지, 하면서 말이죠. 이 같은 생활이 반복되어도 월급으로 그간 해결이 되었기 때문에 당장은 특별한 문제도 발생하지 않습니다.

그런데 언제까지 이런 생활이 가능할까요? 저의 경우, 여자친구와의 결혼을 결정하고 집을 구하기 위해 가격을 알아보기 시작할 때, 첫 번째 충격이 왔습니다. 가진 돈과 집값에는 굉장한 갭이 존재하고 있었죠. 원하는 집을 얻으려면 대출을 받아야 하는데 최대한으로 받아도 당시 가진 돈으로는 턱도 없었습니다. 이처럼 현실을 깨닫게 되니 자연스럽게 지출이 통제되더군요. 웬만한 돈으로는 시도할 수 없는 특정 자산에 대한 구매욕구와 필요성이 생기지 않는다면, 평생 지출 통제력을 갖추지 못한 채

살아갈 수 있습니다. 지금도 이러한 이유로 대다수가 경제 관념 없이 하루하루를 살고 있지요. '근로소득만으로 부자는커녕 돈 걱정 없이 살 수 없다'라는 사실을 깨달을 때 경제·금융 IQ가 올라갈 발판이 마련됩니다. 그런 문제의식이 발동되어야 푼돈을 모아 목돈을 마련하고 이를 자산 마련에 쓰고, 그러기 위해서 방법을 찾는 과정으로 이어질 수 있는 것이죠.

경제·금융 IQ가 낮은 사람일수록 기간이 한정적인 근로소득에 집착하며, 직장 내 승진이나 사내 정치 등에 더욱 연연하게 됩니다. 회사가 언제까지나 나를 지켜줄 것이라 착각하면서 일에 자신의 존재 가치를 두며 스스로를 갈아 넣는 것이죠. 하지만 정년 보장제도가 있는 회사조차 언제든지 가차없이 직원을 내보낼 수 있다는 걸 우리는 알고 있습니다. 강성 노조를 갖춘 회사도, 튼튼한 공기업도, 철밥통 공무원도 마찬가지입니다.

지금 당장 회사를 그만두고 파이어족으로 거듭나야 한다는 말이 아닙니다. 지금 다니고 있는 회사와 근로소득이 영원하지 않다는 걸 인지하고 직장생활을 하는 것과 그저 매달 결제되는 신용카드값을 막기에 급급해하며 직장생활을 하는 것에는 매우 큰 차이가 있습니다.

경제·금융 IQ가 높은 사람은 언젠가는 자신이 회사를 떠나게 될 것이라는 사실을 분명히 인지하고 미래와 노후에 대한 계획을 세우고 준비합니다. 로버트 기요사키Robert T. Kiyosaki가 《부자 아빠 가난한 아빠》에서 근로소득자가 사업가로 가야 되는 이유를 그렇게 열심히 설파했음에도, 여전히 많은 이가 깨우치지 못하고 있다는 것이 안타깝습니다. 영원한 것은 없습니다. 절대적인 것도 없지요. 회사는 직원을 내보낼 준비가 되어 있는 곳입니다. 따라서 '근로소득의 태생적 한계에 관한 자각'이야말로 경제·금융 IQ 계발의 발화점입니다. 이 발화점이 인생의 전환점이 될 수도 있습니다.

세계에서 부와 경제 교육과 관련해 가장 많이 언급되는 민족은 유대인일 겁니다. 유대인의 인구는 약 1,600만 명으로 추산되지만, 그들이 세계 경제와 금융에 미치는 영향력은 어마어마합니다. 유대인은 자녀가 열세 살이 되면 '바르미쯔바Bar Mitzvah'라는 정통 성인식을 거행하는데, 이때 친척과 주변 사람들이 아이가 성인이 된 것을 축하하면서 축의금을 냅니다. 종잣돈을 마련해 주는 것이죠. 유대인의 경제·금융 IQ가 높은 것도 이 같은 조기교육과 평생교육이 잘 어우러졌기 때문이 아닐까 싶습니다.

돈은 무자비한 주인이지만,
유익한 종이 되기도 한다.

_유대인 격언

04

내가 아는 월급쟁이 부자들

불과 3, 4년 전만 해도 투자는 '돈 있는 사람'이나 하는 것이라서 자신과는 전혀 관련이 없다고 생각하는 이들이 대다수였습니다. 하지만 최근 부동산뿐 아니라 주식과 코인 등 자산 가격이 급등하자 많은 사람이 투자에 관심을 갖게 되었지요. 이 같은 자산 상승기에 운 좋게 성공한 사람들은 투자나 재테크의 필요성을 인식했을 겁니다. 하지만 안타깝게도, 부의 흐름에 올라타지 못한 사람들은 순식간 급등해 버린 자산을 보면서 허탈감에 빠져 오히려 하락이나 폭락론을 맹신하거나 투자 관련 일체의 정보를 배척하고 차단해 버리기도 합니다.

고액 연봉을 받으며 맞벌이로 생활하면서도, '투자'에 관심이 없는 사람이 허다합니다. 제가 그랬습니다. 물론, 고액 연봉 맞벌이들 중에도 투자와 재테크의 필요성을 일찍 인식하여 각종 금융상품과 균형 있는 자산 배치를 통해 노후에도 돈 걱정 없는 '현금흐름' 시스템을 완벽하게 세팅한 사람이 있습니다. 그러나 그 비율은 생각보다 높지 않습니다. 지금 한번 회사의 50대 선배들을 떠올려 보십시오. 그중에 퇴직 후에도 여유로운 은퇴 생활을 즐길 사람이 과연 몇 명이나 될까요?

투자나 재테크에 일절 관심이 없고, 오로지 직장생활만 열심히 했던 대기업 직원들의 은퇴 후 재정 상황은 놀라울 정도로 비슷합니다. 치킨집 하나 창업할 비용과 대출금을 전액상환한 내 집 한 채. 그것이 전부죠. 그들 모두 나의 노후를 보장해 주리라 기대했던 공적 연금이나 사적 연금 등의 금융상품만으로는 여유로운 생활을 꿈꿀 수 없다는 걸 금방 깨닫게 됩니다. 약간의 여유가 있다고 해도 출가하는 자녀의 내 집 마련이나 전세보증금에 돈을 보태야 합니다. 고액 연봉의 맞벌이 가구라고 특별히 나을 게 없습니다.

무엇이 문제일까요? 저는 직장생활에서 이런 이야기를 들려줄 투자 멘토가 없는 것도 문제라고 생각합니다. 막 월급을 받기 시작한 사회초년생 시절 '뭐라도 해야 하는 게 아닐까?' 싶어서 금융기관을 찾았다가, 오히려 수수료만 많이 나가고 수익은 크지 않은 각종 금융상품만 잔뜩 가입하는 일이 생깁니다. 좋은 상품과 필요 없는 상품을 구별할 줄 모르기 때문입니다.

또한 직장에서 '투자'나 '재테크'는 금기어 중 하나입니다. 과거에도 그랬지만, 지금처럼 자산 시장이 뜨거운 요즘도 마찬가지인 것 같습니다. 어쩌다 "주식이 왜 이렇게 안 오르지?" "△△주식 상쳤던데.ㅠㅠ" "집값 언제 떨어지냐?" "누구는 집 사서 얼마 벌었대." "무슨 코인 샀어?" 같은 잡담 수준의 이야기가 오갈 때는 있지만, 투자나 재테크를 종용하는 느낌의 언사는 사내에서 문제가 될 소지가 있기 때문이겠죠. 그렇다 보니 투자에 깨어 있는 직장 선배라고 해도 "재테크에 관심을 가지고 할 수 있는 게 있다면 해야 한다" 정도로 마무리합니다.

저 역시 꽤 긴 기간 직장생활을 했지만, 투자로 큰 부자가 되었다는 선배를 거의 만나보지 못했고, 어쩌다 재테크로 돈 좀 벌었다고 소문이 나는 동료가 있어도 "부모님의 도움을 받았다더라" 하면서 가십거리로 전락할 뿐이었습니다.

그런데 왜 이렇게 월급쟁이들 주변에는 부자가 없는 것일까요? 월급쟁이 부자란 헛된 꿈에 불과한 것일까요? 우리 주변에 부자가 없는 건 투자나 사업으로 성공한 이들 대부분은 진작에 직장을 떠났기 때문입니다. 그들은 이미 충분히 돈을 벌었고, 자신의 시간 대부분을 회사에 쏟아붓지 않아도 자산을 늘릴 수 있는 방법을 찾은 겁니다. 그러니 굳이 자기 시간과 에너지를 쏟을 이유가 있을까요?

증여형 부자와 자각형 부자

극히 일부이긴 했으나, 직장생활을 하며 재테크로 성공한 선배들을 만나기도 했습니다. 수도권 요지에 아파트 3채, 몇 개의 상가를 가지고 있으면서 땅도 있는 분도 계셨죠. 너무나 드문 사례라 그런 이들에 관한 소문이 돌기라도 하면 다수의 직원에게 선망과 부러움 또 시기의 대상이 되었죠. 제가 사회생활에서 만난 월급쟁이 부자는 두 부류로 나뉘어졌습니다. 순전히 개인적인 경험과 소신을 토대로 분류하고 이름을 붙인 것이니 오해가 없길 바랍니다.

첫 번째는 '증여형 부자'입니다. 여기서 말하는 '증여'라는 단어가 자산에 국한된 건 아닙니다. 부모가 만들어주고 물려주는 환경, 교육, 생활 태도, 습관, 관계 맺기, 비판 의식, 토론, 봉사, 여행, 씀씀이, 세상을 바라보는 시각 같은 무형의 자산도 포함됩니다. 이들은 부모가 일구어 놓은 엄청난 자산을 실제로 물려받고 어려서부터 체득한 부자 습관이 몸에 배어 자연스럽게 '부자가 되는 길'을 따라가는 이들입니다. 증여형 부자들은 어린 시절부터 부모에게서 부와 재테크에 관한 밥상머리 교육을 받고, 자본주의 시스템에서 부를 일군 부모를 곁에서 목격해 왔기에, 가랑비에 옷 젖듯이 서서히 부를 일구고 유지할 수 있었던 것이죠.

두 번째는 '자각형 부자'입니다. 이 역시 제가 만든 말이긴 한데, 흔히들 이야기하는 자수성가형 부자를 말합니다. 이들은 대개 어떠한 계기를 통해 부자가 되기로 마음먹고 후천적인 노력을 기울입니다. 투자나 재테크를 공부하고 실천해 자산을 형성하고 부를 일구어낸 부자들이죠. 자각형 부자들이 만난 '어떤 계기'란 다양합니다. 사업이든 투자든 한 번의 엄청난 실패로 나락에 떨어졌지만 재기하겠다는 굳은 의지와 열망으로 일어서거나, 우연히 멘토를 만나거나, 주변에 크게 돈을 번 지인을 목격하거나, 책을 통해 눈을 뜨거나 하는 것이죠.

직장생활 4년 차, 모은 돈보다 잃은 돈이 많았던 저는 정말 앞이 캄캄했습니다. 그래서 제 주변의 부자들을 찾아보기 시작했습니다. 증여형 부자는 사실상 개인의 노력으로 이룰 수 있는 문제는 아니기에, 제가 꿈꿀 수 있는 것은 '자각형 부자'였습니다. 그래서 저는 그들의 특징을 유심히 관찰했습니다. 자각형 부자들에게는 몇 가지 공통점이 있었습니다.

자각형 부자들의 공통점

- 매사에 긍정적이고 표정이 밝다.
- 책 읽기를 좋아한다.
- 사내 정치보다 정시 퇴근 후 자기계발에 힘쓴다.
- 다양한 재테크에 관심이 많고 열려 있다.
- 특히 부동산에 관심이 많다.

- 본인의 힘으로 마련한 좋은 집에 거주한다.
- 명품 쇼핑보다 투자에 돈을 쓴다.
- 사업에도 관심이 많다.
- 사내 업무와 관련이 없어 보이는 자격증 취득을 준비한다.
- 회사 동료보다 외부 인적 네트워크가 많다. 회사의 동일한 멤버들과 술자리를 하지 않는다.
- 주말이든 평일이든 시간을 내서 가족과 시간을 보낸다.

저는 어린 시절부터 부자에 대한 열망이 가득했기에 여러모로 노력했지만 큰 실패를 겪었고, 나를 이끌어줄 멘토가 없다는 게 가장 큰 문제라고 생각했습니다. 다만 시간이 지날수록 그 멘토라는 것이 꼭 직접 대면해야만 얻을 수 있는 것은 아니라는 생각이 들더군요. 인류 역사상 가장 좋은 멘토는 바로 '책'을 통해 만날 수 있습니다. 요즘엔 영상을 통해서도 쉽게 만날 수 있고요.

그래서 저는 많은 자각형 부자들이 그렇게 하듯, 책을 찾아 읽기 시작했습니다. 다양한 분야에서 성공한 사람들의 책을 읽다 보니 나의 문제가 무엇인지 더욱 확실해졌습니다. 또 하나 발견한 게 있다면, 이런 문제가 결코 나만의 문제는 아니라는 사실이었습니다.

돈을 끌어오고 받아들이는 능력이
당신이 얼마나 돈을 만지며
살 수 있는가를 결정한다.

_앤드루 매슈스, 세계적인 동기부여 전문가

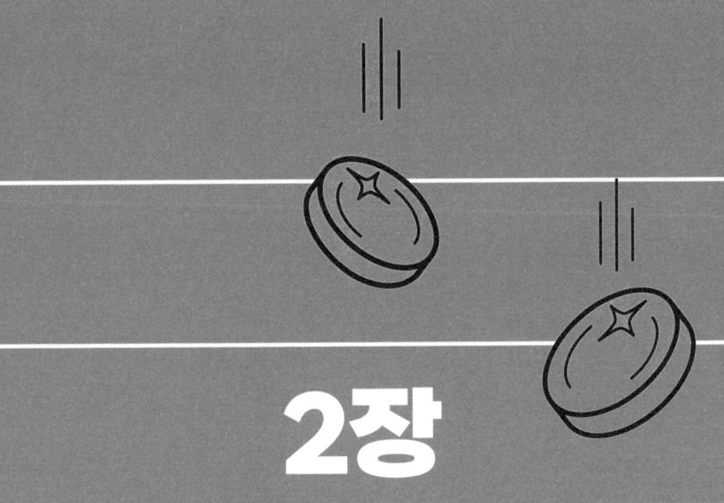

2장

모두의 문제

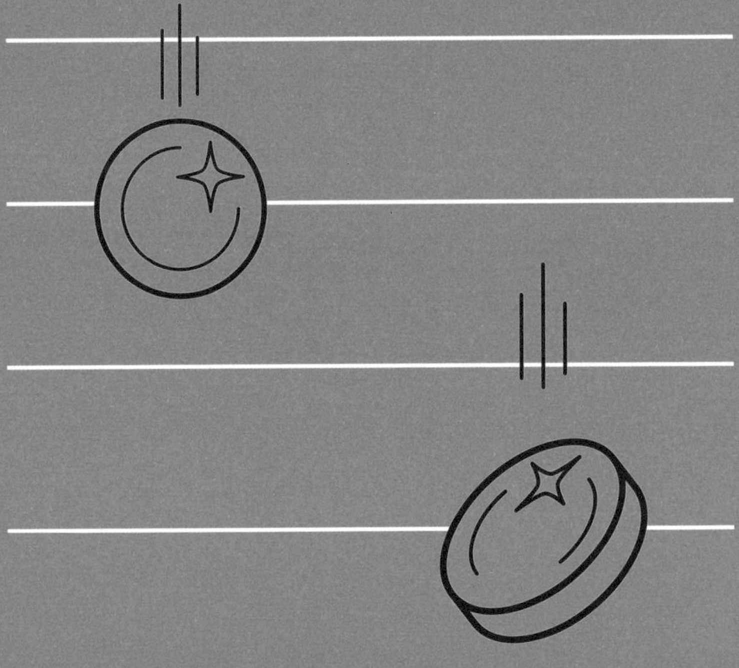

01

소득을 올릴 것인가, 지출을 줄일 것인가

대한민국에서 '월급'을 받고 있는 근로소득자는 몇 명이나 될까요? 2020년 연말정산을 기준으로 추산해 볼 때 대략 2,000만 명입니다. 그렇다면 이들의 월평균 소득은 얼마나 될까요? 국세청 자료에 따르면, 320만 원입니다. 연봉으로 환산하면 대한민국 근로소득자의 전체 평균연봉은 3,840만 원이죠. 이는 2019년 3,647만 원보다 소폭 오른 것인데, 그렇다면 2022년인 현시점 근로자 평균연봉은 4,000만 원 전후가 될 겁니다.

2020년 기준 약 2,000만 명의 근로소득자 중 억대 연봉자는 85만 명인데, 이는 근로소득자의 약 5%에 해당합니다. 참고로 억대 연봉자 역시 인플레이션의 영향으로 매년 지속적으로 늘고 있는 추세라고 합니다. 대기업의 대졸초임 연봉도 6,348만 원으로 2019년 5,084만 원보다 1,200만 원 이상 큰 폭으로 상승했는데, 근로소득자의 평균연봉 3,840만 원보다 2배 가까운 금액이죠. 이에 비해 중소기업 근로자의 평균연봉은 3,108만 원으로 대기업의 절반 수준입니다.

대기업의 초임 연봉만 놓고 보면 우리나라가 일본보다 훨씬 더 높은 연봉을 지급하고 있습니다. 그렇다면, 대한민국의 고액 연봉 수령자들은 부자 되기가 한결 쉬워야 하죠. 그런데 정말 그런가요? 앞에서 이야기했듯, 저는 운 좋게 대기업 금융권에서만 직장생활을 했습니다. 그래서 적지 않은 연봉을 입사 첫해부터 받았고, 과장급 이후부터는 억대 연봉을 수령했습니다. 지금의 아내와 연애할 당시부터 둘의 연봉은 차이가 컸습니다. 제 연봉이 7,000만 원일 때 여자친구의 연봉은 4,000만 원이었는데, 그 격차가 줄어들지 않고 결혼 후에도 이어졌지요. 그랬으니 제가 결혼 후 아내에게 손을 벌리게 되리라 상상이나 했겠습니까? 하지만 1억 원가량의 빚을 지고 있던 저는 결국 아내의 도움을 받아야 했습니다. 일부 대출액을 상환하고 투자하기 위해 5,000만 원이 필요했는데, 저보다 훨씬 연봉이 적었던 아내의 통장에는 그 돈이 있었고 저에겐 없었기 때문입니다.

많은 사람이 현재보다 높은 연봉을 받고 싶어 합니다. 전문직을 선망하는 이유 중 하나도 그들이 일반직 근로자보다 급여 수준이 높고, 60세 이후까지도 돈을 벌 수 있기 때문이죠. 하지만 연봉의 편차가 크다고 해서 저축액의 편차나 훗날 자산의 편차까지 그만큼 벌어지는 것은 아닙니다. 높은 연봉이 부자라는 목적지에 이르는 급행 열차 티켓은 아니라는 말입니다. 오히려 고액 연봉이 역효과를 일으킬 수 있습니다. 경제관념이 부족하고 재테크 지식이 없는 상태에서 소득만 많으면, 자연스럽게 씀씀이가 커질 수 있으니까요. 고액 연봉자의 품위 유지비는 높을 수밖에 없습니다. 먹는 것도, 입는 것도, 타는 것도 달라집니다. 여행도 자주 가게 되고, 고급 취미생활을 하게 됩니다. 주변 동료들 역시 고액 연봉자들이기에 비슷한 소비 행태를 보입니다. 씀씀이가 날로 커져 매월 들어오는 소득을 초과하게 돼도, 그때그때 신용카드로 해결하는 식이 되지요.

수억, 수십억대 연봉을 받던 스포츠 선수의 파산 신청이나 엄청난 금액의 복권에 당첨된 이의 믿을 수 없는 결말을 접하게 되는 것도 이 때문입니다. 저 역시 고액 연봉자였으나 돈을 쉽게 써댔고, 또 쉽게 벌고 싶었던 탓에, 무리하게 대출까지 받아 주식 투자와 사업지분 투자를 했지요. 결과적으로 수익은커녕 빚만 얻었고요. 이처럼 돈은 많이 버는 것보다 관리하고 재배치하는 것이 훨씬 중요합니다.

이제 눈을 감고 한번 생각해 보세요. 당신의 통장에 매월 들어오는 그 돈의 주인은, 정말 당신이 맞습니까? 급여일에 잠시 통장을 거칠 뿐, 카드값, 보험료, 관리비, 교통비, 학원비 등으로 빠져나가고, 혹여 그대로 있다고 해도 인플레이션 때문에 오히려 가치가 떨어지면서 야금야금 줄어들고 있진 않나요?

그 돈을 이동시켜 소비에 쓸 건지, 투자에 쓸 건지, 혹은 통장에 넣어둘 건지는 여러분의 선택에 달렸습니다. 다만 확실한 게 하나 있다면, 금융과 재테크에 대한 이해와 지식을 바탕으로 돈이 빠져나가고 줄어드는 속도보다 빠르게 돈을 늘려나가는 사람만이 진짜 돈의 주인이 될 수 있다는 것입니다.

억대 연봉 맞벌이들

우리 주변에는 맞벌이 부부가 많습니다. 통계청 자료에 의하면, 2020년 기준 대한민국 맞벌이 비율은 52.0%라고 합니다(가계 소득에 관해 이야기할 때는 자영업자와 개인·법인 사업자들도 포함시켜야 하겠지만, 통계 활용의 어려움상 이 책에서는 논외로 하려 합니다). 지역에 따라 그 비중이 다르긴 하지만, 우리나라에서 결혼을 한 이들 중 반 이상이 남편과 아내 모두 직장생활을 통해 소득을 얻고 있는 맞벌이 가정이란 뜻입니다.

학력 수준과 맞벌이 비중도 정비례합니다. 2020년 기준 교육 정도별 맞벌이 가구 비중은 대졸 이상이 49.1%로 가장 높았고, 대졸 이상 유배우 가구 582만 2,000가구 가운데 285만 7,000가구가 맞벌이였습니다. 반면 고졸 가구의 경우 44.7%, 중졸 이하

가구는 36.3%로, 학력이 낮을수록 맞벌이 비율도 정비례해서 낮아졌습니다.

데이터만 보면, 학력이 높을수록 소득도 많고, 소득이 높은 대졸자들의 맞벌이 비율도 상대적으로 높다는 걸 알 수 있죠. 그렇다면 대졸자 비율이 가장 높은 대기업의 맞벌이 부부들의 가계소득은 어떨까요? 부부 합산 소득이 억대 연봉에 달합니다. 그렇다면 이들은 모두 부자일까요? 결코, 그렇지 않습니다.

2020년 통계청 자료에 의하면, 맞벌이 가구의 연 평균소득은 7,709만 원으로 외벌이 가구 4,533만 원의 약 1.7배였습니다. 하지만 많이 버는 만큼 가계지출 역시 맞벌이 가구가 외벌이 가구에 비해 약 1.5배(2017년 기준) 더 높은 편이었습니다. 맞벌이 가구의 가장 큰 장점으로 보이는 소득의 양이 이 지출 데이터 하나로 사라져버린다는 걸 알 수 있죠. 이처럼 맞벌이로 두 사람이 매월 많은 수입을 얻는다 해도 지출로 그만큼 소비한다면 '맞벌이 효과'는 크지 않습니다.

같은 맞벌이라도 부부의 합산 소득이 억에 달하는 대기업 맞벌이라면 소득이 훨씬 많으니 다르지 않을까 싶을 겁니다. 하지만 그렇지 않다는 건 제가 산 증인이지요.

각종 사치품과 외제차 구입, 문화비, 여행, 고급 취미생활, 고액의 사교육비 등 앞서 말한 고액 연봉자들이 지출하는 '품위 유지비'에 많은 돈이 지출됩니다. 많이 벌기에 많이 써도 된다고 착각하면서 말이죠. 매달 두 사람의 적지 않은 월급이 멈추지 않고 꼬박꼬박 통장으로 들어오기 때문에 이러한 과도한 지출을 문제로 인지하는 것도 쉽지 않습니다.

웬만한 고정비용은 넉넉한 급여로 충분히 감당할 수 있고, 특정한 달 신용카드 사용액이 많아 통장 잔액이 혹여 줄어들더라도 급여일마다 착착 들어오는 월급에 고민은 흔적도 없이 사라져 버리곤 합니다. 명품 시계나 가방 같은 사치품을 구입하더라도 정기적으로 나오는 상여금이나 회사 복지 포인트로 카드빚을 막는 것도 가능하죠. 그렇다 보니 이들이 돈 관리의 심각성을 깨닫고 자신들의 씀씀이와 가계부를 들여다보게 되는 시점은, 결국 부부 중 한 명이 휴직하면서 월 소득이 확 줄어들고 나서인 경우가 허다하죠.

이러한 이유로 대기업이나 금융권에 재직 중이면서도 재테크나 투자에 전혀 관심이 없는 맞벌이 가구가 많습니다. 당연히 재정 목표 정립은 물론, 가계의 수입과 지출 규모도 파악이 안 된 경우도 많고요. 오히려 전투적으로 씀씀이를 줄이고 확실한 재테크 목표를 세워 건강한 경제적 긴장감을 가지고 생활하는 쪽은 외벌이 가구입니다. 자산 증식에 대한 갈망이 있는 이들과 현재의 풍족함을 누리는 데 만족하는 이들의 재정은 달라질 수밖에 없겠죠. 목마른 사슴이 시냇물을 찾고, 사막에 떨어진 사람이 오아시스를 찾게 되는 것처럼, 절박한 이들은 놀라운 집중력을 발휘합니다.

반복해서 말하지만, 중요한 것은 얼마를 버느냐가 아닌 어떻게 모으느냐입니다. 소득의 크기가 아닌 어떻게 돈을 모으느냐가 기본입니다. 통장을 스쳐 지나가기만 하는 월급, 도무지 늘지 않는 자산 때문에 '월급 외 수익'을 좀 얻어보겠다는 생각으로 이 책을 펼쳐 들었나요? 그렇다면 당장, 투자 수익을 낼 수 있는 현실적인 방법을 알려드리겠습니다. 당신의 매월 지출액을 10% 줄이세요. 다달이 나가고 있는 돈을 '고정비용'으로 인식하는 순간 당신이 원하는 재정 목표를 달성하는 일은 요원해집니다. 지출액은 얼마든지 줄일 수 있는 '변동비용'입니다. 성공적인 재정 구축의 시작은, 씀씀이를 줄여서 모으는 것입니다.

이제 고전적으로 느껴지는 '5,000만 원 모으기' '1억 달성' 같은 목표가 여전히 효과가 있는 것도 이 때문입니다. 정해진 금액을 모으기까지 인내심을 갖고 온갖 시련을 이겨낸 사람에게만 성공적인 투자 세계에 첫발을 내디딜 자격이 주어지는 것이죠. 그렇다면 당장 무엇을 해야 하는지 확실해지지 않나요?

돈은 현악기와 같다.
그것을 적절히 사용할 줄 모르는 사람은
불협화음을 듣게 된다.

_칼릴 지브란, 철학자이자 화가 겸 시인

02

월급쟁이 인생의 최종화

'평생직장'이란 개념이 흐릿해진 지 오래입니다. 혹자는 평생직장 대신 평생직업이 필요한 시대라고도 합니다. 확실한 건 갈수록 먹고살기가 쉽지 않아진다는 것이죠. 한 회사나 특정 산업의 안정성을 알아보는 대표적인 지표로 평균 재직기간, 평균 근속연수 등이 사용됩니다. 그런데 예전과 비교할 때 직장인들의 평균 재직기간과 근속연수가 갈수록 줄어들고 있습니다. 대한민국 직장인들이 한 회사에서 일하는 평균 재직기간은 얼마나 될까요? 10년? 7년?

2019년 통계청 자료에 의하면, 대한민국 전체 근로자의 평균 재직기간은 5년입니다. 대기업은 7.7년, 비영리기업도 같은 7.7년이지만, 중소기업의 평균 재직기간은 3.3년이라는 다소 충격적인 결과가 나왔습니다. 그만큼 이직이 잦다는 것이죠. 대한민국 전체 근로자의 평균 연령은 45.6세인데, 그중 대기업은 40.7세, 중소기업은 46.7세입니다. 대기업의 평균 연령이 가장 낮다는 걸 알 수 있죠. 우리나라에서 평균 근속연수가 가장 긴 직군은 공무원으로 재직기간은 16.2년, 전체 공무원 평균 연령은 43세라고 합니다. 근속연수의 안정성만 놓고 본다면 여타 직군의 근속기간을 압도하는 게 맞습니다. 특히나 공무원 연금은 나라의 재정이 적자라고 해도 연금 지급이 명문화되어 있는데(국민연금은 비명문화 상태), 이 같은 제도와 근속연수 덕분에 직업의 안정성을 중시하는 이들이 공무원을 선택하는 것이겠지요.

OECD의 다른 나라와 잠깐 비교하자면, 이탈리아의 근로자 평균 근속연수가 12.2년으로 가장 길고 그다음이 프랑스, 독일, 스페인 순으로 모두 10년 이상입니다. 우리나라는 OECD 국가 중 하위권에 속합니다. 결국 대한민국에서 직업의 안정성, 근속기간의 보장을 놓고 보면 공무원만한 직업이 없습니다. 연 5,000명을 채용하는 9급 공무원 시험에 약 18만~20만 명이 응시했다는 통계가 납득이 됩니다. 그중 공무원 시험에 합격하지 못한 19만 5,000명은 다시 공시생이나 취준생 신분으로 돌아가겠지만 말이죠.

IMF 이후로 20여 년간 이어지고 있는 공무원 열풍이 대한민국의 크나큰 성장동력이 없어진 원인으로 지목되는 것도 사실입니다. 사기업의 조기 퇴직도 공무원 열풍에 한몫하고 있죠. 연말마다 언론에서는 명예 퇴직, 희망 퇴직 같은 단어들이 등장합니다. 금융권에서도 연말에는 어김없이 칼바람이 부는데, 금융권의 희망 퇴직자들은 보통 수억 원의 퇴직금을 별도로 받기에 부러움의 대상이 되곤 하죠. 문제는 그다음입니다. 이들 중 대부분은 준비가 충분히 되어 있지 않았던 탓에, 진입장벽이 낮은 치킨집이나 요식업 창업에 나서거나 최근에는 무인 관련 업종에 퇴직금을 부었다가 날리기 일쑤입니다.

대기업 직장인들은 어떤가요? 수많은 구직자와 취준생들이 선망하는 대기업 직장인들은 왜 그렇게나 빨리 자진해서 퇴사하는 걸까요? 억대 연봉을 받으며 회사에 오래 남아 있어도 성공의 척도로 인식되는 '임원'이 될 확률은 극히 낮기 때문입니다. 무엇보다 그 임원이라는 자리가 능력만으로 쟁취할 수 있는 게 아닙니다. 능력은 기본이요 인맥, 특히 어느 대기업의 경우 친인척 중에 언론계나 사법계 종사자가 있는지까지 확인한다고 합니다. 그렇다 보니 대기업의 임원이 된다는 건 말 그대로 하늘의 별 따기가 되는 것입니다.

2021년 11월, 한 언론사가 국내 대표 기업인 삼성전자에서 임원이 될 확률에 관한 기사를 냈습니다. 삼성전자 전체 11만 4,000명에 이르는 직원 중 임원은 총 641명이라고 합니다. 이처럼 낮은 확률로 임원의 첫 직급인 상무가 되었다고 해도 전무나 부사장으로 올라가는 것 또한 어렵죠. 다른 대기업들은 어떨까요? 임원이 되기 어렵기는 매한가지입니다. 확률로 따지면 1% 미만인데, 요즘처럼 신입사원 채용이 줄어들고 있는 추세라면 사실상 0.1% 이내일 겁니다. 하늘의 별을 따는 것에 비유될 정도로 대기업의 임원이 되는 것이 어렵다는 것이 자명해지자, 일찌감치 회사에서의 성공을 포기하고 자기만의 길을 찾아 희망 퇴직이나 조기 퇴직을 선택하는 사람이 있는가 하면, 진급도 못 하고 나이만 들어 후배들 눈치만 보다 추가 명예 퇴직금이라도 줄 때 곱게 나가자는 마음으로 떠나는 사람도 있는 것이죠.

또 다른 월급

12년간 맹렬히 공부해서 좋은 대학교에 들어가고, 남들보다 열심히 스펙을 쌓아서 꿈에 그리던 대기업에 들어간다고 해도 하늘의 별을 따는 확률로 임원이 되지 않는 한, 40대가 되면 은퇴를 생각해야 합니다. 100세 시대에, 20년도 채 일하지 못하고 회사를 나왔는데 50~60년을 더 살아야 하는 겁니다. 그 20년 남짓의 기간 남은 60년을 먹고살 만큼의 돈을 번다면 걱정이 없겠죠. 하지만 그럴 수 있는 월급쟁이가 몇이나 될까요?

이러한 이유로 사실상 부자 아빠가 없는 월급쟁이의 은퇴는 불가능합니다. 밥벌이를 위해서는 제2, 제3의 직업을 찾아야 한다는 말입니다. 또 다른 '월급'이 있어야 하니까요. 하지만 40대에 받던 연봉 수준을 유지하며 경력을 살려서 일할 만한 자리를 찾는 것은 쉬운 일이 아니며, 행여 일자리를 찾았다고 해도 그 역시 오랜 기간 유지하는 건 매우 어렵지요. 결국 빈곤 노인들이 생계유지 수단으로 폐지 등 재활용품 수거에 나서고 있으나 우리나라의 노인빈곤율은 46%로 이는 OECD 회원국 중 가장 높은 수준임을 생각하면, 다소 씁쓸해집니다.

노동력의 한계도 생각해 봐야 합니다. 60대까지는 그렇다 해도 70, 80대에도 온전한 육체와 정신으로 일할 수 있을까요? 우리가 노동력을 통해 밥벌이를 할 수 있는 기간도 길지 않습니다. 이러한 문제는 결국 나의 문제이자 우리 모두의 문제입니다.

당신이 잠자는 동안에도
돈이 들어오는 방법을 찾아내지 못한다면,
당신은 죽을 때까지 일을 해야만 할 것이다.

_워런 버핏, 역사상 가장 뛰어난 투자가

03

자산이 불어나는 속도

2020년 8월, 김현미 전 국토부 장관은, "지금 영끌(영혼까지 끌어 모은다의 줄임말로, 할 수 있는 모든 수단을 동원해 대출을 받아 부동산이나 주식에 투자하는 '빚내서 투자한다'는 빚투의 또 다른 표현)해서 주택을 구매하는 30대가 안타깝다"라고 말했습니다.

하지만 불과 2년 사이 집값이 2배 이상 오른 곳이 정말 많습니다. 아파트의 현재 전세가격이 2년 전 매매가격과 동일해진 곳도 부지기수고요. 8,000만 원까지 폭등했다가 2,000만 원 대로 폭락한 비트코인이나 코스피 3,000을 훌쩍 넘겨 이제 4,000을 바라본다는 장밋빛 전망이 난무했던 주식이 다시 2,300포인트도 유지하기 위태로운 상황인 걸 보면, 투자처로서의 부동산 성장세가 엄청나다는 걸 알 수 있습니다. 실거주이든, 투자이든 2, 3년 사이 주택을 매수한 사람과 그렇지 않은 사람의 자산 격차는 상당히 벌어졌습니다. 이로써 전 국토부 장관의 생각과는 정반대로, 영끌해서라도 주택을 구매한 사람이 아닌, 늦게라도 주택을 매수하지 않고 전세나 월세로 거주 중인 이들이 대단히 안타까운 상황이 되어버렸죠.

대한민국의 자산 불평등은 매우 심각한 수준입니다. 저소득층과 고소득층간 소득 격차는 최근 4년 새 가장 크게 벌어진 것으로 드러났습니다. 2030의 자산 격차는 전 연령의 자산 격차와 마찬가지로, 상위 20%와 하위 20%의 격차가 더욱 심화됐습니다. 2021년 통계청에 따르면, 상위 20%의 평균 자산은 8억 7,000만 원, 하위 20%의 평균 자산은 2,473만 원인데, 이처럼 자산 5분위 배율이 2019년 33배에서 2020년에는 35배로 증가했습니다. 말 그대로 초양극화가 된 것이죠.

2030의 자산 양극화에 크게 일조한 것은 역시나 부동산일 겁니다. 주식이나 코인으로 어마어마하게 자산을 늘렸다는 사람이 없는 것은 아닙니다. 하지만 사실상 주변에서 쉽게 찾아보기 어렵죠. 대신 30대라고 해도 부동산에 투자했다면 지금 같은 자산 인플레 시대에 자산은 생각보다 크게 늘어났을 겁니다.

빚이 99억인 부자와 자산이 100억인 부자

고물가, 고금리 시대, 대출 규제에 따른 리스크를 조심해야 한다는 이야기가 많이 들립니다. 이러한 분위기 속에 대중들 사이에 영끌로 인한 공포 심리도 많이 깔려 있고요. 안타까운 건, 오랜 기간 부동산 가격이 상승해 왔음에도 여전히 금리 상승으로 인해 부동산이 하락할 거라는 데 베팅하는 무주택자들이 많다는 겁니다. 어쩌면 단순히 집값이 하락하길 바라는 것일 수도 있지만요. 판단은 각자의 몫이지만, 여전히 저는 부동산의 모든 지표들이 우상향을 가리키고 있다고 생각합니다.

투자를 무조건 위험한 것으로 치부하는 이들을 위해 대출과 자산에 대한 이야기를 한번 해보려고 합니다. 부동산 부자라고 하면, 보통은 강남에 빌딩을 가지고 있다는 유명 연예인들을 많이 떠올릴 겁니다. 여기 오랜 시간 활동하며 영화와 CF로 꽤 큰 돈을 번 두 연예인, L과 J가 있다고 합시다. 그들의 자산 내역은 다음과 같습니다.

L의 자산	청담동의 빌딩 1채, 자산 100억 원 대출 60억, 임대보증금 39억, 자기자본 1억 원
J의 자산	압구정동의 빌딩 1채, 자산 100억 원 대출 30억, 임대보증금 20억, 자기자본 50억 원

정리해 보자면, L이 보유 중인 청담동 빌딩의 자산 가치가 100억 원인데, 그중 자기자본, 즉 순자산은 1억 원이며 나머지 99억 원은 은행 대출과 임대보증금으로 이루어진 타인자본(부채)이라는 겁니다. J는 어떤가요? J 역시 압구정동에 빌딩 1채를 보유 중인데 이 빌딩의 자산 가치는 L의 빌딩처럼 100억 원입니다. 그런데 L과 다른 게 있다면 J는 자기자본, 즉 순자산이 50억 원이고 나머지 50억은 타인자본이라는 것이죠.

그렇다면 이 둘 중, 누가 부자일까요? 자기자본 비율이 높은 J가 안정적인 부자인가요? L은 레버리지를 과도하게 일으켜 빚이 많으니 실은 부자가 아닌 걸까요? 정답은 둘 다 부자입니다.

한번 생각해 보시죠. 2년 후 L과 J의 빌딩 가치가 똑같이 50억 원씩 상승했다고 가정해 봅시다. 50억? 말이 되나 싶을 수 있지만 이는 실제 강남 빌딩의 가격 상승률을 감안할 때 충분히 가능한 가정입니다. 자, 실제로 이렇게 된다면, L의 총 자산 가치는 150억 원입니다. 그중 순자산이 51억 원, 부채는 그대로 99억 원이고요. J는 어떻습니까? 그의 총 자산 가치 역시 150억 원으로 늘었는데, 그중 순자산이 80억 원, 부채는 50억 원이 되어 순자산만 50억 원이 증가한 것이죠.

이제 두 사람의 투자 수익률을 계산해 봅시다. L은 자기자본 1억 원을 투자해 50억 원이라는 엄청난 수익을 냈으니 수익률이 5,000%입니다. J는 자기자본 50억 원을 투자해 50억 원이라는 차익을 남겼습니다. 수익률은 100%이죠. 둘 다 대단한 차익을 남겼으나 수익률만 보자면 레버리지를 절묘하게 활용해 엄청난 수익률로 자산을 증가시킨 L이 진정한 부동산 투자자이자 자산가라고 할 수 있을 겁니다.

이처럼 L이 청담동의 100억 원짜리 빌딩을 부채 99억 원으로 가졌다고 해서 그 빌딩의 가치 자체가 다른 빌딩보다 더 떨어지는 건 아닙니다. 100억짜리 빌딩이 150억짜리가 되는 순간 L의 순자산도 1억 원에서 그대로 50억 원으로 빌딩의 가치만큼 동일하게 점프되는 것이죠. 부동산 투자에서 레버리지의 힘이 어느 정도인지 느껴지나요? 이것이 바로, 임대보증금이나 전세보증금 같은 타인자본을 활용해서라도 자산을 가져야 하는 이유입니다.

투자로 인한 수익이나 이자, 배당금으로 얻는 소득을 '불로소득不勞所得'이라고 합니다. 말 그대로 직접 일을 하지 않고 얻는 소득을 의미하는데, 노동을 통해 얻는 '근로소득'과는 반대되는 개념이지요. 문제는 근로소득만이 옳고 바른 것이며, 불로소득은 잘못되고 불법적인 것이란 인식입니다. 수익은 불법은 물론, 편법도 아닙니다. 앞서 이야기한 월급쟁이 인생의 최종화를 떠올린다면 근로소득만을 의지하는 것이야말로 예고된 장마철에 우산 없이 여행을 떠나는 것이나 마찬가지입니다. 누구에게나 더는 노동력을 쓸 수 없는 날이 오게 마련이니까요. 자본주의 사회에서 돈은 공기와 같다고 이야기했습니다. 그렇다면 근로소득이 사라질 날을 대비해 불로소득, 바꿔 말해 '자본소득'을 마련하는 것이야말로 리스크를 대비하는 훌륭한 자세가 아닐까요?

L과 J의 사례에서 무엇을 느끼셨나요? 우리는 여기서 '자산이 불어나는 속도'에 대해 생각해 봐야 합니다. 100억 자산가, 200억 자산가라 할 때 누군가는 "빚을 제하면 순자산은 얼마 안 될걸?" 하면서 비아냥대기도 합니다. 하지만 확실한 것은 근로소득만으로 부자가 되기 힘든 것처럼 순수하게 내 돈만 모아서 투자한다면 자본주의 사회에서 누릴 수 있는 '레버리지의 활용'으로 인한 자산의 증식 속도를 경험하지 못할 거라는 겁니다.

나에게 충분히 긴 지렛대를 준다면,
나는 세상을 움직일 수 있을 것이다.

_아르키메데스, 고대 그리스의 전설적인 수학자

04

레버리지, 활용하지 않으면 당한다

레버리지란 지렛대를 뜻하는 단어로, 투자 세계에서는 대출이나 빚과 관련 있는 용어입니다. 그런데 이 레버리지라는 게 참 묘합니다. 투자에서 적은 시드로 큰 수익을 가져다주게도 하지만 때론 훨씬 큰 위험에 빠지게 만들기도 하죠. 이 레버리지라는 말이 투자에만 쓰이는 건 아닙니다. 시간과 인적자원 역시 레버리지가 가능합니다. 우리는 레버리지를 돈으로 맞바꿉니다. 예를 들어, 부동산을 매수한 뒤 직접 입주 청소를 한다면 하루라는 시간과 체력을 청소에 써야 합니다. 하지만 레버리지를 활용하면 평당 1~2만 원에 누군가의 시간과 체력을 쓸 수 있습니다.

사실 소액으로 경매 투자하는 이들 중에는 비용을 아끼려고 직접 도배, 장판을 시공하고 그러다 타일과 샷시까지 범위를 넓혀 준 인테리어 업자로 변모하는 경우도 있습니다. 개인적으로는 이런 투자 방식을 선호하지 않습니다. 경험을 통해 시공에 관한 지식을 넓히고 비용을 줄이려는 시도는 좋지만, 투자자라면 모름지기 레버리지를 통해 결국 시간과 돈을 벌어야 한다고 생각하니까요. 지나고 보면 아무것도 아닌 돈을 좀 더 아끼려다가 자산가라는 다음 단계로 넘어가지 못하는 이들을 여럿 보았습니다. 레버리지 쓰는 걸 아까워하다가 아이러니하게 본인이 레버리지를 당하는 것이죠.

레버리지의 핵심은 시간과 노동(노력)에 대한 판매자(행위자)와 구매자의 맞교환이라고 할 수 있습니다. 자본이 있다면 타인의 시간과 노동을 사서 나 대신 일하게 할 수 있고, 자본이 없으면 타인을 위해 나의 시간과 노동력을 투여하게 됩니다. 이는 회사의 시스템과도 일치합니다. 사장은 본인이 모든 일을 직접 다 할 수 없기에 직원을 고용합니다.

기업들이 사회 환원이나 공헌을 위해 인력을 채용한다고 생각한다면 퍽 순진한 겁니다. 그들에겐 레버리지가 필요한 겁니다. 또 특정 고용인이 특정 피고용인을 채용하면 추가적인 세제 혜택도 늘어날 수 있죠.

생산자의 삶 vs. 소비자의 삶

세상에는 생산자로 사는 사람과 소비자로 사는 사람이 있습니다. 이 역시 레버리지의 하위 개념에서 설명할 수 있습니다. 투자나 사업을 하지 않는 한, 대부분의 사람은 평생 누군가가 생산한 것을 돈으로 구입해 사용하는 소비자로 살 가능성이 큽니다. 물론 무언가를 만드는 일을 해온 사람들은 자신이 생산자라고 생각할 수 있지만, 보다 넓은 시야에서 보면 그렇지 않습니다. 어린 시절부터 우리는 여전히 무언가를 사고 소비하기에 바쁜데, 인간의 뇌가 소비할 때 행복감을 느낀다고 하니, 소비와 지출은 어쩌면 지극히 본능적인 것일지도 모르겠습니다. 문제는 우리가 돈을 주고 구입하는 것들의 대부분은 감가상각으로 인해 사는 즉시 그 값어치가 하락한다는 겁니다.

같은 소비자라고 해도 투자자들은 부동산이나 주식처럼 그 가치가 장기적으로 우상향하는 자산을 삽니다. 부동산 투자자들 중에는 부동산에 관한 권리관계를 등기부에 기재하는 일에 병적으로 집착하게 되어, 1개를 치면 2개, 3개 계속 등기를 치고 싶어지는 이른바 '등기병'을 앓는 사람도 많고, 다른 분야의 투자자들 중에도 자본을 모으는 데 도취되어 돈이 생길 때마다 자산을 사서 모으는 게 취미이자 특기가 된 이도 많죠. 반면 대부분의 사람은 급여가 발생하는 사회초년생을 거치고 시간이 어느 정도 흘러도 여전히 제자리걸음인 자산을 인지한 후에야 생산

자산에 관심을 갖게 되는 게 현실입니다. 일반인이 투자자로 변모하는 데는 '계기'가 필요합니다.

배달 음식을 먹으면 두 배로 레버리지를 쓰는 겁니다. 음식을 만들어준 누군가에게, 이를 배달해 주는 누군가에게 비용을 지급하는 것이니까요. 레버리지는 필요한 것이지만, 매일 그리고 매주 과다하게 지출되는 비용을 잘 들여다볼 필요가 있습니다.

많은 사람이 소비자의 삶을 삽니다. 자본주의 사회에서 소비하지 않고 살 수는 없는 일이죠. 그렇지만 언제까지나 생산 없이 소비만 한다면 노후가 불안해질 수밖에 없습니다. 당신의 노동력으로 무언가를 생산할 수 있는 날은 점점 짧아지고 있습니다. 직접 생산하지는 않더라도 자본을 생산해 줄 자산을 보유해야 합니다.

직원은 레버리지 당한다

가장 안타까운 건 아침마다 출근하는 것이 죽기보다 싫은데도 어쩔 수 없이 꾸역꾸역 출근하는 사람입니다. 그렇다면 회사에 나가도 업무에 집중이 안 되고 효율도 떨어질 겁니다. 업무시간 내내 부정의 기운이 몸을 감싸고 있으니 퇴근하면 피로감이 2, 3배 가중되겠죠. 이런 사람이라면 스트레스를 풀기 위해서라도 저녁에 소주 한 잔 맥주 한 병으로 마음을 달랠 가능성이 큰데,

이 같은 생활이 길어지다 보면 가정생활과 회사생활 모두에 좋을 리 없겠죠.

회사 다니기 싫어서 직장을 박차고 나가는 것과 하고 싶은 일이 있어 퇴사하는 것에는 큰 차이가 있습니다. 이른바 '접근동기'와 '회피동기'의 차이죠. 상사나 동료가 너무 싫다거나 업무가 힘들어서 그만둔다면 말 그대로 도망치는 것에 불과합니다. 저도 두 번째 회사에서 입사 3개월 만에 사표를 던졌다가 이것이 회피동기에서 비롯된 것임을 깨닫고 사표를 도로 주워 담았습니다. 그날 이후 절대 함부로 사표를 던지지 않겠다 다짐했죠. 일단 마음을 그렇게 먹고 나니 모든 것을 객관화할 수 있게 되었고 순간을 견디니 그다음은 좀 더 수월하게 풀렸던 것 같습니다. 가장 위험한 부류는 충분한 준비 없이 성급히 퇴사한 파이어족입니다.

직원은 회사에 자신의 시간과 노동력을 바칩니다. 대기업이냐 중소기업이냐에 따라 급여에서 차이가 날 뿐, 기본적으로 회사는 직원을 레버리지로 활용합니다. 그런데 이를 꼭 기분 나빠할 필요는 없습니다. 회사에 노동력과 시간을 제공함으로써 직원은 현금흐름을 창출하고 시드머니를 모을 수 있으니까요. 오히려 일정 기간 현금흐름이 보장되고 업무와 사회생활을 익히는 동시에 돈을 모을 수 있다는 측면에서, 투자나 사업으로 인한 리스크를 안는 것보다는 안전한 편입니다.

그럼에도 직장인은 본인을 직접 인사발령 낼 수 없습니다. 유일하게 본인이 할 수 있는 인사발령이라면, 휴직과 퇴직이겠죠. 그나마 휴직도 공기업이나 대기업, 공무원 정도만 자유롭게 낼 수 있을 겁니다. 정기 인사발령이나 스폿성 인사이동으로 원하지 않는 지역과 원하지 않는 부서에서 일해야 할 수도 있습니다. 그러다 함께 일하고 싶지 않은 사람들 사이에서 온종일 몸을 갈아 넣어야 할 수도 있죠.

레버리지 당하고 있다는 것은 선택권이 없다는 말입니다. 이는 경제적 자유와도 직결됩니다. 경제적 자유에 돈이 많다는 뜻만 있는 건 아닙니다. 내가 원하는 시간에 원하는 사람과 원하는 곳에서 원하는 것을 할 수 있는 것이 경제적 자유입니다. 시간적, 공간적, 관계적 자유가 한데 묶여 있는 것이죠.

10년, 20년 레버리지 당하는 삶에 익숙해지면 퇴직 후 사회생활이 생각보다 쉽지 않습니다. 좋든 싫든 회사라는 테두리 안에서 보호받고 따박따박 들어오는 급여에 안정감을 느끼는 자신을 발견하게 될 겁니다. 능동적으로 살고 싶지만 수동태에 익숙한 자신이 당황스러울 수도 있죠. 오랜 기간 길든 관성과 습관을 한 번에 바꾸긴 어려운 법이죠.

더 안타까운 것은 회사에서 레버리지 당하는 그 시기가, 일반적으로 한 사람의 체력과 아이디어가 일생에서 최고조일 때라는 점입니다. 운동선수들의 운동 능력 저하 시점을 뜻하는 '에이징 커브Aging Curve'는 누구에게나 옵니다. 당신의 인생 중 최고의 시기에 레버리지할 것인지 레버리지 당할 것인지는 진지하게 고민해 봐야 합니다.

10여 년이 넘는 기간 저 역시 레버리지 당하는 삶에 익숙해져 있었습니다. 고액 연봉은 너무나 달콤했고 막연히, '특별한 문제가 없다면 노후도 안정적으로 보장되겠지' 하며 착각 속에 살았습니다. 하지만 사회초년생 시절 거둔 마이너스 1억의 자산이 잔잔한 호수에 파문을 일으켰고 월급만으로는 결코 자유로울 수 없다는 걸 깨달았습니다. 자본주의 사회에 허락된 레버리지의 혜택을 활용하지 않는다면 나의 시간과 노동력을 누군가에게 레버리지 당하면서 살다가 어느 날 문득 '퇴사'라는 특별한 문제를 만나게 되는 겁니다. 이는 나의 문제이자 곧 모든 이들이 겪게 될 문제였습니다. 해서 월급 노예에서 해방되는 유일한 방법은, '월급 외 수익'을 만들어 반퇴생활자로 살아가는 것임이 분명해졌습니다.

성공의 본질은 목표를 어떻게 이룰 것인지가 아닌, 무엇을 하지 않을 것인지를 선택하는 데 있다.

_워런 버핏

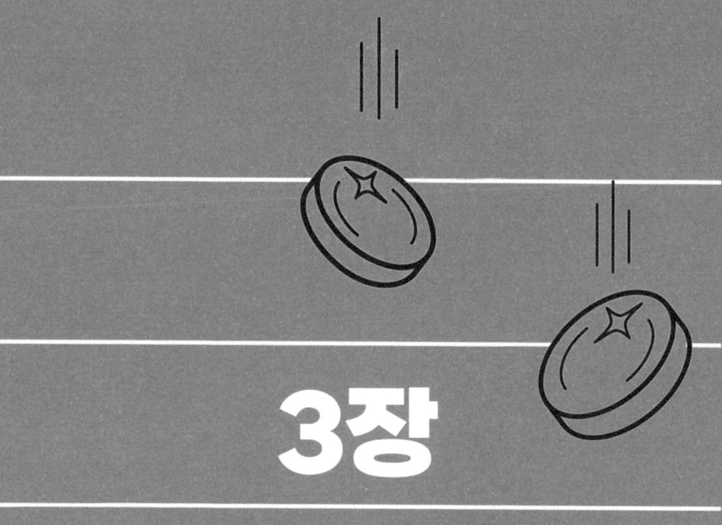

3장

내가 찾은 해결책

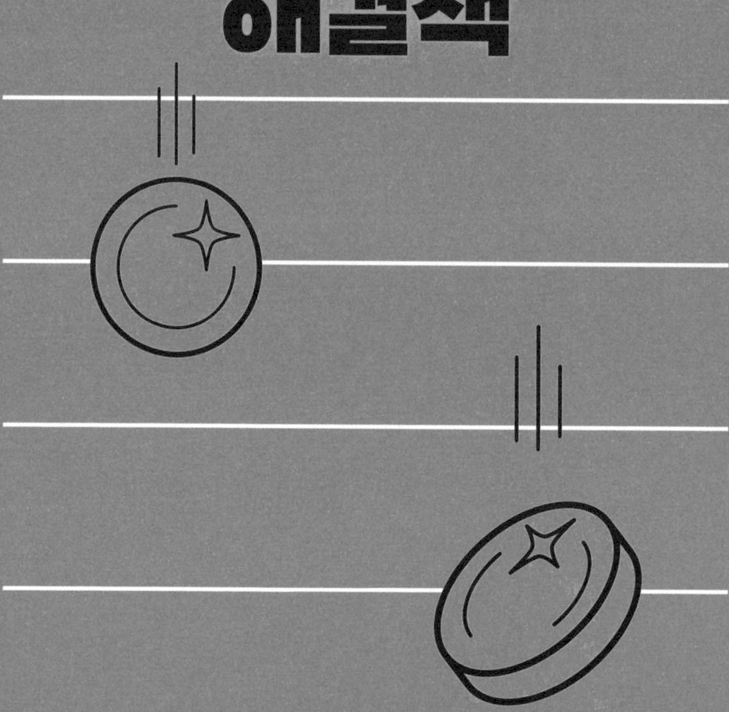

01

직장인의 뇌에서, 투자자의 뇌로

2012년 겨울, 서점에서 수많은 책을 읽고 나자 한 가지 확실한 깨달음이 찾아왔습니다. 기회는 '부동산 투자'에 있다는 것이었지요. 사회생활 4년 차 동기들은 1억 원을 모았다는데, 저는 빚만 1억 원에 달했기에 인생 역전까진 아니더라도 지금보다는 더 잘 살고 싶다는 열망이 가득했지요. 집으로 돌아온 저는 온라인 서점에서 부동산 경매 관련 베스트셀러를 15권가량 주문했습니다. 그 책들을 모두 읽는 데는 한 달도 채 걸리지 않았죠. 그리고 저자들이 개설한 카페나 검색을 통해 알게 된 부동산 카페에 가입했습니다. 3개월여 수많은 책과 경매 관련 강의를 듣고 영상을 찾아보면서 관련 지식을 쌓아나갔습니다. 주말마다 경매지에 나온 물건지 주변을 임장하러 다니던 어느 날, 불현듯 책에서 읽었던 문구가 떠올랐습니다.

'부동산 경매 사이클을 가장 잘 이해하는 방법은
입찰과 낙찰, 명도, 임대까지 직접 경험해 보는 것이다.'

투자를 위해 공부하는 사람이라면 꼭 기억해야 할 말입니다. 실제 투자를 해보는 것과 공부만 하는 것에는 하늘과 땅 정도의 차이가 있으니까요. '그래, 아파트 경매 투자를 해보는 거야. 인생을 이렇게 흘려보낼 수는 없지. 어릴 적부터 부자가 되는 것이 꿈이었잖아.' 마음 깊은 곳에서부터 뜨거운 무언가가 솟구쳐 오르는 느낌이었습니다. 아침마다 눈이 번쩍 떠졌습니다. 길고 어두운 터널 끝에 보이는 한 줄기 빛, 저에게는 그것이 경매 투자였습니다. 하늘에서 내려온 동아줄이 썩은 것일지, 튼튼한 것일지는 내가 하기에 달렸을 거란 생각이 들었습니다. 다만 주식과 의류 사업에 준비 없이 뛰어들었다가 실패한 것을 교훈 삼아, 철저히 준비하고, 땀 흘리면서 노력하고 꾸준히 반복해 보리라 마음먹었습니다. 투자로 큰 상처를 입었지만, 다시 투자로 재기할 준비를 한 겁니다. 붇터린치의 첫 번째 부동산 투자는 이렇게 시작됩니다.

투자의 방향

부동산 경매 투자 시작, 성공, 부자? 이런 과정을 예상했다면 틀렸습니다. 2012년 말부터 본격적으로 공부를 시작해 약 3, 4년간 경매에 참여했으나 첫 낙찰 이후엔 연이은 패찰로 이렇다 할 수익을 내지 못했습니다. 그사이 시중에는 부동산의 다양한 투자법들이 인기를 얻으면서 엄청난 수익을 거둔 투자자들이 주목받기 시작했습니다. 2016년에 저는 부동산 투자의 방향을 수정하기로 했습니다. 부동산 분양권과 전세레버리지를 활용한 투자로 제2의 부동산 투자를 시작한 겁니다.

저는 3,000만~4,000만 원 정도의 비교적 소액으로 광주광역시와 전주, 부산의 아파트 분양권을 매수했습니다. 또 용인과 세종, 수원 등의 아파트를 전세를 끼고 매입했지요. 싸게 나온 매물을 찾는 경매와는 다른 방식으로 접근해야 했는데, 당시 저에게는 부동산의 가치와 그에 맞는 적정 가격을 가늠하는 안목이 없었기에 새로운 공부가 필요했지요. 그사이 끝 간 데 없이 오르는 부동산 가격을 보며, 상승의 끝은 어디일까 싶어졌습니다. 그래서 '인플레이션'을 공부하기 시작했습니다. 관련 책은 모조리 씹어먹겠다는 심정이었지요. 각종 영상과 책을 통해 인플레이션과 부동산 시장의 메커니즘을 깨닫는 데도 시간이 꽤 소요되었습니다.

시간과 의지

새로운 변화를 꿈꾸는 직장인에게 중요한 것 두 가지가 있습니다. 하나는 변화를 위해 필요한 자기계발과 공부에 쓸 수 있는 최대한의 시간을 확보하는 것이며, 또 하나는 목표로 하는 것을 이루고야 말겠다는 굳은 의지입니다.

저는 아침에 회사에 출근해서는 업무 시작 전까지의 남는 시간과 점심 먹고 난 뒤 짜투리 시간에 경제 관련 기사를 읽고 투자 고수들의 블로그와 카페 칼럼들을 읽었습니다. 연예와 스포츠 관련 가십거리를 생각없이 클릭해서 읽던 때와는 전혀 달랐습니다. 또 가급적 주가 호가창에 시선을 뺏기지 않으려고 애를 썼습니다. 기껏해야 20~30분에 불과한 시간이었지만 그렇게 모으니 꽤 유용한 시간이 되었습니다. 퇴근 후에는 되도록 불필요한 약속은 잡지 않았습니다. 팬데믹을 겪으며 분위기가 달라지긴 했으나, 퇴근 후 동료들과 갖는 술자리가 우리의 인생에 얼마나 큰 의미가 있는지 생각해 봐야 합니다. 나와 내 가족의 미래에 도움이 되는 것이 무엇일지 생각하니 답은 간단했습니다. 저는 쓸데없는 모임에서 과감히 탈퇴하고 만나자는 여러 사람들의 제안을 거절했습니다. 거절도 처음만 어려울 뿐입니다. 어쩌다 피할 수 없는 약속이 있어서 만나야 하더라도 가능하면 밤 9시 전에 헤어져서 귀가했습니다. 그렇게 하니 최소 3시간 이상을 자기계발과 부동산 공부에 할당할 수 있었습니다.

2017~2019년까지 하루에 6시간 이상을 잤던 적은 거의 없었던 것 같습니다. 의지가 생기니 아침에 절로 눈이 번쩍 떠지더군요. 그렇게 한 3개월간 하루 3시간 이상 공부하는 습관을 들였더니 몸에 익숙해져 자연스럽게 하게 되었습니다. 앞으로 내 계좌에서 타인의 계좌로 돈이 이체되는 경우는 소비가 아닌 투자할 때뿐이라고 마음먹었습니다.

경제 관련 기사와 관련 블로그 글이나 카페 글을 읽는 것도 처음엔 많이 버거웠습니다. 그냥 단순하게 글을 주욱 읽는 것조차 굉장히 힘이 들더군요. 하지만 시간이 흐를수록 지식이 쌓여서인지 이해가 쉬웠고 읽는 속도도 빨라졌습니다. 이것이 바로, 1만 시간 동안 훈련하면 누구나 그 분야의 전문가가 될 수 있다고 했던 말콤 글래드웰의 '1만 시간의 법칙'이 아닐까 싶습니다.

저는 매일 아침 '어떻게 하면 부자가 될 수 있을까', '어떻게 투자해야 할까' 같은 다소 막연해 보이는 질문도 스스로에게 자주 던졌습니다. 누군가가 그랬지요. 매일 하루 15분씩 성공에 대해 고민하고 생각하는 사람은 반드시 성공할 수밖에 없다고. 이것이 자신의 뇌를 성공과 더 나은 미래에 대한 희망으로 가득 채우는 원리입니다.

자기계발이나 부동산 투자 카페에는 '1일 계획표'를 올리는 이들이 꽤 많습니다. 저는 짧은 시간 동안 여러 사람의 계획표를 훑곤 했습니다. 9시 출근이라 8시 지하철만 타던 사람이 특별한 일정이 있어 새벽 첫차를 탔다가 이렇게 많은 사람이 이 시간에 어딘가를 향하고 있음을 알게 된 순간 받는 느낌이랄까요? 그럴 때 '세상에는 이렇게 열심히 사는 사람이 정말 많구나' 싶어지지요. 강력한 동기부여가 필요한 이라면 이런 방식도 도움이 될 겁니다. '미라클 모닝' 같은 자기계발 모임이나 독서 모임에서도 같은 도움을 받을 수 있을 겁니다.

평생 직장인으로 살아온 탓에 '투자자의 뇌'로 전환이 필요하다면 투자 우수 사례를 찾아서 읽는 것도 방법입니다. 각종 부동산 스터디나 자기계발 카페, 유튜브에 이르기까지 성공 사례는 넘쳐납니다. 투자 성공 사례를 꾸준히 읽는 것에는 두 가지 장점이 있습니다. 첫째는 간접체험을 통해 타인의 노하우를 내 것으로 만들 수 있습니다(실제 경매 명도 관련 노하우 등은 사례만 읽어도 공부가 됩니다). 둘째는 이를 통해 '긍정적인 동기부여'를 받을 수 있다는 겁니다. 이런 사례를 찾다 보면 자연스럽게 유명한 투자자들을 알게 되고 그들의 과거 글이나 책을 통해 많은 사례와 인사이트를 얻을 수 있습니다.

성공한 기업가들은 항상 생의 어떤 시점에서
훌륭한 멘토를 만났다고 말할 것이다.

_리처드 브랜슨, 영국 버진 그룹의 창업자

02

주식이 아닌, 부동산

'부동산 투자는 늘 주식 투자를 이긴다.'

이것이 수많은 투자서를 읽은 후 내린 저의 결론이자, 많은 투자처 중에서도 부동산을 자산 증식의 수단으로 선택한 이유입니다. 물론, 이 명제에 공감하지 않는 이가 많을 겁니다. 다음 장의 표는 2015년에 tvn에서 방영했던 드라마 〈응답하라 1988〉에서 극 중 택이가 바둑대회에서 상금으로 받은 5,000만 원을 어떻게 재테크하느냐에 따라 2015년 기준 얻을 수 있는 예상 수익을 정리한 표입니다. 1988년 종잣돈 5,000만 원으로 각각 정기

1988년 5,000만 원 투자 시 2015년 예상 수익

투자처		1988년 기준 금리 및 가격	2015년 기준 현재가치
예금	은행정기예금 (연 단위 재이체)	연 15%	2억 5,500만 원
부동산	서울 강남구 대치동 은마 아파트	5,000만 원	10~11억 원
주식	삼성전자	주당 3만 2,631원	19억 9,500만 원

자료원 : news1, 2015년

예금, 부동산(은마 아파트), 주식(삼성전자)에 투자했을 경우 결과가 크게 달라지지요. 보다시피 2015년을 기준으로, 가장 압도적인 수익을 보이는 것은 단연, 주식입니다(그 기준을 2021년으로 잡으면 결과가 달라질 수 있지만, 대개는 주식 투자 수익이 높습니다). 서울 강남이든 강북이든 주식 투자 수익이 아파트로 대표되는 부동산 투자 수익을 훨씬 뛰어넘는 것처럼 보입니다.

2021년 10월, 머니투데이는 12년 전 삼성전자 주식과 압구정 강남 3구 아파트에 투자했을 경우 거둘 수 있는 수익률을 비교하는 기사를 냈습니다. 이들의 수익률은 삼성전자가 371%, 송파구의 올림픽 선수촌 아파트가 165%, 압구정 신현대는 129%(갭투자 시 258%)였지요. 그렇다면 앞서 이야기한 명제는 반대여야 합니다. 주식 투자가 늘 부동산 투자를 이기는 것으로

말이죠. 그런데 정말 그런가요?

당신 주변에는 주식 투자로 큰돈을 벌었다거나 경제적 자유를 달성했다는 사람이 많은가요? 물론 영상의 시대, 수많은 채널을 통해 투자의 고수들을 만날 수 있기에 여러분도 이름을 댈 만한 '주식 부자'를 몇몇 알고 있을 겁니다. 하지만 실제 우리 주변에서 그런 사람을 찾기는 힘듭니다. 오히려 주식으로 큰돈을 날렸다는 사람, 자산이 주식에 물려 있어 돈이 없다는 사람 등이 더 흔한 사례일 겁니다. 이것이 팩트입니다.

실제 투자의 세계에서는, 대부분의 부동산(주거용)이 다른 수단들의 투자 수익률을 압도합니다. 특히 주식에 비하면 부동산 투자의 수익률이 훨씬 높습니다. 그 이유가 무엇일까요?

수익률 극대화

〈응답하라 1988〉에서 선우 엄마는 바둑대회에서 상금으로 5,000만 원을 받은 택이의 아버지에게 은마 아파트를 사라고 조언합니다. 네, 놀랍게도 그 당시에 은마 아파트의 가격이 그 정도였지요. 다만 놓치지 말아야 할 것은 가격이 그렇다는 것이지 이를 매수하는 데 5,000만 원이 든다는 건 아니라는 겁니다. 실제 이 아파트를 전세를 끼고 매입하거나 대출을 받아서 매입할 경우에 투자금이 크게 줄 수 있습니다.

예를 들어, 당시 은마 아파트의 매매가격이 5,000만 원, 전세가격이 3,000만 원이었다면, 전세를 끼고 매입할 시 필요한 투자금은 2,000만 원입니다(중개수수료와 취·등록세는 계산 편의상 제외). 이 별것 아닌 것처럼 보이는 차이가 수익률에서 엄청난 결과로 드러납니다. 만약 이 아파트를 2015년에 매도해 시세차익이 10억 원 정도 났다면, 투자금이 5,000만 원이었을 땐 수익률이 2,000%, 투자금이 2,000만 원이었을 때 수익률은 5,000%이기 때문입니다.

하지만 대부분의 언론 기사는 투자 상품의 가격을 단순히 기간별로 계산합니다. 따라서 부동산처럼 큰 레버리지를 활용할 수 있는 상품의 투자금을 그저 소요되는 총 금액으로 표기하기에 수익률이 적게 나오는 경우가 많지요. 물론 주식도 개인 신용대출이나 증권사 대출 등을 활용해서 투자할 수 있지만, 주식 투자는 절대로 대출을 받아서 하지 말라는 이야기가 있을 정도로 리스크가 크고 성공할 확률은 생각보다 낮다는 게 문제죠.

무한한 시장 참여자

당신은 부동산 투자자인가요, 주식 투자자인가요? 이제 겨우 마음 잡고 투자나 재테크를 해볼 요량으로 이 책을 구입한 분이라면 난 아직 주식이든 부동산이든 투자를 해본 적은 없기에 어느 쪽에도 해당되지 않는다고 생각할 겁니다. 하지만 확실한 게 하나 있습니다. 앞으로 당신이 주식 투자는 몰라도 부동산 투자는 반드시 하게 될 거라는 것이죠. 사실 지금 당신이 '집'에 살고 있다면 그것이 자가이든, 임차한 것이든 이미 부동산 시장의 플레이어인 셈입니다.

투자라는 건 본인이 어떤 근거를 바탕으로 자금을 투여할지 말지를 결정하고 그 결정에 대한 책임을 스스로 지는 것입니다. 세상에는 대출이나 전세보증금을 활용해 집을 매입하는 사람이 있는가 하면, 집값이 떨어질까 봐 혹은 대출이자 비용이 부담돼서 등 여타의 이유로 집을 매입하는 대신 빌려서 거주하는 사람도 있지요. 집을 사든 빌리든 이러한 선택을 한 이상 그 사람은 이미 부동산 투자를 한 것이라 할 수 있습니다. 전세든 월세든 자신의 돈을 거주하는 집의 임대인에게 보증금으로 맡겼을 테고, 월세 거주자라면 매월 사용료까지 지급하고 있을 테니 엄연한 투자입니다.

부동산을 매입하지 않고 임차로 거주하는 분 중에는 전세는 퇴거 시 원금을 그대로 돌려받을 수 있고, 월세는 전세에 비해 당장 목돈이 없어도 들어갈 수 있는 데다 매월 거주하는 대가만 지급하면 되니 합리적이고 안전한 방법이라고 생각하는 사람이 많습니다. 하지만 정말 그런가요?

매주 전국 법원에서, 주거용 부동산(아파트, 원룸, 빌라 등)에 거주하다가 전세보증금(배당)도 돌려받지 못한 채 퇴거해야 함을 판결받는 임차인이 수천, 수만 명에 이릅니다. 그런데 아직도 선순위로 은행에 많은 대출이 끼어 있는 주거용 부동산에 월세도 아닌 전세로 들어가는 사람들이 많습니다. 그들의 논리는 아주 단순합니다.

전세 = 돌려받는 돈

월세 = 집을 빌리는 대가로 주인에게 내는 약간의 돈.

그렇게 입주한 비우량 부동산 물건이 경매로 나오게 되면, 수천, 많게는 수억 원에 이르는 보증금 중 한 푼도 받지 못하고 집에서 나가야 하는 일이 발생하는데 말이죠. 이렇듯 우리는 어쩌면 태어나는 순간부터 자연스럽게 부동산 투자 시장의 플레이어로 참여하는 셈입니다.

몇 년 후 우리나라 총 인구수가 정점에 도달한 뒤에는 인구가 점차 줄어들 테니 부동산 가치가 폭락하리라 예측하는 이도 있습니다. 하지만 자녀가 성장하면 대학교나 직장 주변으로 독립하고 또 결혼을 하면서 세대가 분리되어 새로운 주택 수요가 발생합니다. 그뿐인가요? 기존 구축에 살던 사람들도 신축으로 이사하고 싶어 합니다. 이렇듯 이런저런 필요에 따라 부동산 시장은 앞으로도 참여자가 계속 탄생할 수밖에 없습니다.

마음 편한 투자 생활

사회초년생 시절 저는 무리하게 대출을 일으켜 주식에 투자했다가 사실상 전 재산을 날렸습니다. 고작 상경계열 전공자라는 이유로 자신감이 지나쳤던 것인지, 그저 돈을 벌고 싶다는 욕심에 무모함이 앞섰던 것인지, 어쩌면 둘 다였는지도 모를 이유로 말 그대로 망했습니다. 사실 주식은 단순하게 버튼만 누르면 언제 어디서나 매수가 가능합니다. 매도도 마찬가지죠. 결정만 내리면 쉽게 거래가 가능하기에 하루에도 수십 차례 투자할 수 있습니다. 그래서 주식에 전 재산을 걸었을 때는 일을 하면서도, 화장실에 가거나 점심을 먹으면서도 주식 호가창을 확인하며 늘 가슴을 졸였습니다. 보유 중인 주식의 가격이 5% 오르면 온종일 기분이 들떴고, 반대로 10% 급락하기라도 하면 일에 집중도 안 되고 밤에 잠도 잘 안 왔지요.

그런데 부동산 투자는 어떤가요? 매수가 바로 가능한가요? 매도는 또 어떤가요? 부동산 한 채를 매수하기까지도 수많은 시세와 데이터를 확인하고 부동산 현장에 나가 실물을 직접 보고 이것저것 따져야 하며, 중개인을 통해 매도인과 가격이나 잔금일, 이사일 등을 협상해야 합니다. 다만 그렇게 수많은 고민 끝에 부동산을 매수한 후에는, 주식처럼 하루에 4, 5번씩 네이버부동산에서 시세를 찾아보며 부동산 가격이 올랐나 내렸나를 확인할 일이 없습니다. 부동산은 어떨 땐 사고 싶어도 못 사고, 팔고 싶어도 팔지 못한다는 게 특징입니다. 다만 이처럼 팔고 싶어도 그럴 수 없었던 못난이 부동산이 몇 년 뒤엔 생각지도 못한 수익을 안겨주기도 하죠.

부동산에 투자하면서 이를 당장 내일이나 다음 주에 매도할 생각으로 매수하는 사람은 없습니다. 처음부터 일정 기간 보유할 요량으로 '장기투자'를 생각합니다. 사실 부동산은 주식에 비하면 매수의 과정이 복잡한 편이라 귀찮고 번거로워서라도 쉽게 매도가 이뤄지지 않습니다. 이 때문에 부동산은 강제적으로 길게 투자하게 됩니다. 그렇다 보니 주식 투자에 비하면 한결 마음이 편한 투자인 셈이죠.

이처럼 레버리지를 활용해 수익률을 극대화시킬 수 있고, 시장 참여자가 무한하며, 마음 편하게 투자 생활을 할 수 있다는 점에서, 부동산은 가진 돈도 없고 주식 투자 실패로 조급한 마음이 컸던 저에게는 안성맞춤인 투자처였습니다.

가난하게 태어난 것은 당신의 잘못이 아니다.
그러나 가난하게 죽는 것은 당신 잘못이다.

_빌 게이츠, 마이크로소프트의 공동 창업자이자 세계적 부호

03

초인플레이션 시대의 부동산

대한민국 부동산 가격은 언제까지 상승할까요? 부동산 투자 입문자들이 가장 궁금해하는 것이 아닐까 싶습니다. 우리나라 총인구수가 정점에 도달하는 시점이 2025년 전후라는데, 그렇다면 지금 부동산 시장에 진입해 물건을 매수하더라도 그 전에 매도해야 하는 거 아닐까요?

2012년 처음 부동산 투자를 시작했던 당시, 지방 부동산은 일부 활황 장세였으나 수도권 시장은 썩 좋지 않았습니다. 해서 저는 그때가 투자 진입 타이밍으로 적절한지 꽤나 오랜 시간 고민했죠. 지금 보니 참 어이없고 쓸데없는 고민이었네요. 투자를 한 번도 해보지 않은 부린이 주제에 10년, 15년 뒤 시장 상황까지 예측하려고 했다는 점이 부끄럽기까지 합니다.

하지만 많은 이가 이런 고민을 합니다. 부동산 투자는 언제 시작해야 하며 언제 빠져나와야 할지 말이죠. 결론부터 짧게 말하자면, 첫 투자로 가장 좋은 시점이란 없습니다. 여력이 되면 거주할 내 집부터 마련하고 공부하면서 꾸준히 투자하면 됩니다. 사실 투자는 죽을 때까지 하는 겁니다. 부동산 상승의 끝은 아무도 알 수 없습니다.

저 역시 그랬지만 대다수가 정답을 알 수 없는 부동산 상승의 끝, 즉 가격의 꼭짓점을 알고 싶어 합니다. '손실 회피 성향' 때문입니다. 가격이 최고점에 도달하기 직전에 자산을 매도해 최대 수익을 실현하고 싶다는 1차원적인 발상이 머릿속을 지배하고 있는 것이죠. 당신에게 1억 원이란 돈이 있는데, 단 한 번의 내기에 전액을 걸어 맞으면 5,000만 원을 얻고, 틀리면 5,000만 원을 잃게 된다면 이 내기에 참전하겠습니까? 대부분의 사람은 내기를 거절할 겁니다. 많은 사람이 로또를 구매하는 건, 당첨되면 얻을 수 있는 10억 원 이상의 보상에 비해 로또 구입비는 상대적으로 매우 적기 때문이죠. 하지만 1억 원이란 큰돈을 걸어서 자칫 5,000만 원을 잃을 수 있는 경우라면 정상적인 사람들은 손사래를 칠 겁니다. 같은 5,000만 원이라도 잃을 때의 아픔이 얻을 때의 기쁨보다 훨씬 크게 다가오는 법이죠. 이것이 바로 손실 회피 성향입니다.

투자와 손실 회피 성향

많은 사람이 주식이든 부동산이든 투자를 멀리하는 것도 바로 손실 회피 성향 때문입니다. 과거에 비하면 그래도 투자 인구가 크게 늘긴 했지만, 여전히 돈을 잃으면 어쩌지 하는 두려움 때문에 투자를 망설이고 은행에서 대출받는 것조차 어려워하는 이가 많지요. 아파트를 매수할 여력이 충분한데도 혹여 집값이 하락할까 봐 전세나 월세로 거주하는 이도 많고요.

최근 3, 4년간의 전국 부동산 상승장에서 벌어진 엄청난 자산 격차는 바로 자가와 임차라는 거주 방식 선택의 기로에서 갈렸습니다. 대출과 이자라는 리스크를 안고 집을 매수한 사람과 전세 혹은 월세로 안전(?)해 보이는 임차 방식으로 집을 빌린 사람의 자산 크기는 비교가 안 될 정도로 벌어졌죠. 수도권이나 광역시뿐 아니라, 인구 30만의 소도시에도 부의 격차는 이렇게 벌어졌습니다.

자본주의 사회에서 투자와 재테크는 물과 공기와 같습니다. 이 사회에 태어난 이상 투자는 반드시 배워야 하고 잘해야 합니다. 생각해 보세요. 인간의 많은 걱정과 근심 중 90%는 돈과 관련된 것입니다. 돈 걱정 없이 평생 경제적 자유를 누리고자 한다면, 숨을 쉬고 물을 마시는 행위처럼 투자를 생활화해야 합니다. 초인플레이션 시대에서 현금을 그대로 갖고 있는 것은 돈을 조금씩 버리는 것과 다름없으니까요. 상황이 이렇다면 인플레이션으로 인한 자산의 가치 하락을 피할 수 있는 자산을 가지는 것이 중요합니다.

샤넬 백과 강남 아파트

샤넬은 명품 중의 명품으로 선호도가 높은 브랜드입니다. 그런데 나도 좋아하고 남들도 좋아하는 샤넬 백 같은 '재화'의 적정 가격은 얼마일까요? 이 가격의 고점을 예측하는 것이 의미가 있을까요? 수도권 외곽의 아파트가 10억 원이 되고 15억 원이 되는 것, 압구정의 아파트 평당 가격이 1억, 2억 원이 되었다는 건 사실 그리 중요한 게 아닙니다. 이는 사실 바꿔 말해, 인플레이션으로 인한 화폐가치의 하락을 의미하는 것이죠.

자본주의 사회에서 중요한 것은, '상품성이 뛰어난 재화'를 내가 보유하고 있느냐입니다. 압구정의 아파트 가격이 천장을 뚫고 계속 올라가는 한, 그 아래 수도권과 지방의 부동산 가격도 계속 올라갈 겁니다. 따라서 강남 아파트 가격이 오르는 것과 우리 집 집값이 무슨 상관이 있느냐 하는 태도야말로 위험합니다.

순자산 30억 원을 가진 사람은 부자일까요? 언젠가부터 10억 원 정도를 보유한 사람은 부자라고 볼 수 없게 되었습니다. 그렇다면 순자산 100억 원을 가졌다면 부자일까요? 네, 지금으로선 그렇게 보입니다. 다만 이러한 기준은 언제나 '상대적'인 것입니다. 시험도 상대평가, 절대평가가 있지요. 내가 아무리 잘했어도 남들이 더 잘하면 나는 하위권에 속하는 것이고, 내가 못했어도 남들이 더욱 못하면 내가 상위권에 들어가는 것이죠. 이러한 이유로 최근 이어진 자산 상승장에서, 10억, 20억, 30억 원을 벌었다는 이들이 쏟아져 나온 가운데, 자신의 위치를 돌아볼 필요가 있습니다.

근래 들어, 자산의 가치가 이렇게 순식간에 떨어지는 시대가 있었나 하는 생각을 자주 합니다. 그래서 여전히 저는 시장이 두렵고 그래서 현재 이룬 것에 만족할 수 없게 됩니다.

금리가 상승하면 아파트값이 폭락할까요? 테이퍼링(일종의 출구 전략으로 연방준비제도Fed가 양적완화 정책의 규모를 점진적으로 축소해 나가는 것)하면 자산 가치가 폭락할까요? 저는 이 때문에 아파트값이 폭락하리라 생각하지 않습니다. 부동산은 수요와 공급의 논리에서 벗어날 수 없기 때문입니다.

아파트는 빵처럼 오늘 찍어서 내일 공급할 수 있는 재화가 아닙니다. 2009년 전국 미분양 물량이 16만 호였는데 2021년 6월 전국 미분양 물량이 2만 호 이하입니다. 폭락이 나오기 어렵다고 봐야 합니다.

자산 시장에서 장기적으로 볼 때 우량하고 안전한 상품이 있지만, 완전하고 영원히 상승만 하는 상품은 존재하지 않습니다. 모든 자산의 가치는 오르고 내리기를 반복합니다. 다만 우량 자산으로 일컬어지는 상품은 일반적으로 화폐량이 늘어나는 만큼 가격이 오릅니다. 샤넬 백의 가격이 오르는 것처럼 말이죠.

투자의 방식도 변한다

우량한 자산은 있지만, 영원히 안정적이고 최고의 수익을 선사하는 투자처는 없습니다. 그래서 어떤 때는 차익형 자산을, 또 어떤 때는 수익형 자산을 마련해야 합니다. 저는 2020년까지 차익형 자산을 모두 세팅했고, 2022년부터 수익형 자산으로 투자 포트폴리오를 바꾸고 있습니다. 차익형 상품에 투자하지 않는 것은 아니지만, 개인적인 상황과 시장 분위기에 맞게 조정해 가고 있지요.

현시점 부동산 시세를 보면 조금만 일찍 투자했다면 엄청난 수익을 냈을 텐데 하며 아쉬운 마음이 들 겁니다. 실제 다음 그래프에서 보듯, 1986년부터 2016년까지 코스피와 전국의 모든 아파트의 가격은 우상향했습니다. 30년간 코스피는 21.4배, 강남 아파트는 16.7배, 전국 아파트는 13.5배, 강북 아파트는 10.4배 올랐습니다.

이처럼 모든 상품의 가격은 등락을 거듭합니다. 그런데 2007년 고점에서 강남 아파트를 매수한 사람은 2015년 정도까지 약 8년간 자산 상승의 기쁨은커녕 '영끌'의 위험을 온몸으로 감수해야 했다는 걸 그래프를 통해서 알 수 있습니다. 2010년

코스피와 아파트 매매가 비교(총수익 기준)

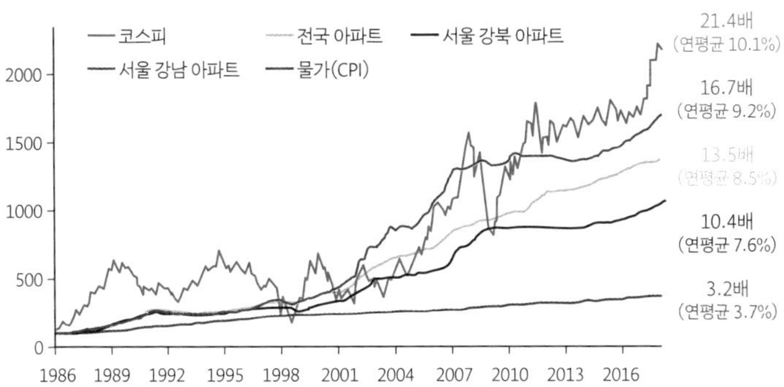

자료원: KB부동산, 한국은행, 삼성자산운용(1986.01~2017.12)

※부동산 총 수익지수는 매매가격지수에 전세금의 예금수익률(매매가격 대비 전세가율×예금금리)을 더한 지수

전후 언론에서 가장 많이 언급되던 단어 중 하나가 바로 '하우스 푸어'였다는 사실도 기억할 필요가 있습니다.

우리가 투자를 공부해야 하는 건 이 같은 자산 상승의 부침 속에서 최대한 적은 투자금을 가지고 최대한 많은 수익을 내기 위해서입니다. 결국 투자에서 가장 중요한 것은 수익률이기 때문이죠.

저는 접근이 쉽고 자산 가치 상승이 비교적 큰 아파트에 투자하면서, 경매를 통해 상가와 상가주택 등 높은 수익을 기대할 수 있는 자산에도 꾸준히 투자했습니다. 부동산만 해도 이렇게나 상품이 다양하고 투자 방식도 여러 가지입니다. 여건만 허락되면 건설임대와 소형 신축 부동산으로 발을 넓히고 싶습니다. 사업까지 연계하면 투자의 영역은 무한대로 확장되겠지요. 여전히 투자자의 길은 무궁무진하고, 해보고 싶은 것이 너무 많습니다.

수많은 예측이 난무하는 현 시장에서 확실한 것이 있습니다. 사상 최대의 유동성과 사상 최저의 부동산 공급량이 바로 그것입니다. 부동산 투자를 고려 중이라면, 지역별 수급을 고려해서 도전해야 하는 이유입니다.

인플레이션은 부富를 저축한 사람에게서
대출을 받은 사람에게로 이전시킨다.

_존 메이너드 케인스, 영국의 경제학자

04

왜 아파트인가

부동산 투자, 하면 어떤 것이 떠오르나요? 저는 부동산을 공부하기 전에는 가장 먼저, 땅 부자를 떠올렸습니다. 누군가가 어디 땅을 사놨는데 그 부근이 개발되면서 보상을 받아 수십억을 벌었다더라, 기획부동산에 속아서 땅을 비싸게 주고 샀는데 10년간 버티다 보니 개발계획이 생겨서 재벌이 됐다더라 같은, 땅과 관련된 부동산 졸부의 탄생 스토리를 종종 들었기 때문인 것 같습니다. 사실 부동산은 그 종목이 매우 다양합니다. 아파트, 상가, 빌라, 오피스텔, 토지, (꼬마)빌딩, 지식산업센터 등 모두 나열하기 힘들 정도로 다양하죠. 투자 종목도 많지만 투자 방법도 여러 가지입니다. 청약, 분양권, 갭투자, 보류지, 경매, 공매, 수의계약 등 다양한 전략으로 부동산을 매수할 수 있죠. 전략적 차원에서 보면 '급매'도 상당히 좋은 매수 기법 중 하나이고요.

앞서 이야기했듯, 주식보다는 부동산으로 크게 자산을 일군 부자들이 많습니다. 그렇다면 부동산 부자들은 보통 어떤 종목에 투자해 그 위치에 서게 된 것일까요? 땅을 사서 부자가 된 사례, 빌딩이나 상가를 통해 자산을 일군 사례, 아님 공장형 아파트나 지식산업센터로 자산가가 된 사례 중 어느 쪽이 더 많을까요? 아마도 주거용, 특히 아파트에 투자해서 자산가가 된 사람이 많을 겁니다. 현재는 빌딩이나 토지를 많이 갖고 있다고 해도 그 시작은 아파트였을 확률이 높습니다. 왜 그럴까요?

이는 우리의 생활을 돌아보면 알 수 있습니다. 다양한 부동산 종목 중 우리가 가장 많이 이용하는 것이 무엇인가요? 자가이든 임차이든 우리에겐 먹고 자고 배설하고 생활하는 주거용 공간이 있습니다. 어린아이나 학생은 아침에 일어나서 어린이집이나 학교로 등원 혹은 등교하고, 성인은 직장인이나 사업장으로 출근을 합니다. 주거용 공간에서 저녁부터 아침까지 시간을 보내고, 상업용 공간인 상가나 빌딩 등으로 출근해 오전, 오후를 보내죠. 그런데 보다 구체적으로 이러한 공간에 모이는 사람의 수를 한번 생각해 볼까요?

□□ 초등학교의 학생과 교직원 수는 총 1,000명입니다. 각기 다른 집에서 생활하는 1,000명이 학교라는 한 공간에 집결합

니다. 집은 1,000채가 필요하지만, 그들이 모이는 학교는 1곳이면 됩니다(물론 학교라는 물리적 공간의 크기는 훨씬 크지요). 회사는 어떤가요? 한국○○공사에서 일하는 직원은 2,000명입니다. 이들 모두 각각 다른 집에서 개별로 거주 중인데, 평일 아침마다 사무실에 출근해 함께 일합니다.

이처럼 학생과 교직원 수가 1,000명이라고 1,000개의 학교가 필요한 건 아니며, 직원이 2,000명이라고 사무실이 2,000개나 필요한 건 아닙니다. 우리가 먹고, 쉬고, 씻고, 잠을 잘 수 있는 집은 가족당 1채 이상 필요하지만, 빌딩이나 상가 같은 건물은 꼭 사람의 머릿수만큼 필요한 건 아니라는 뜻입니다. 특히나 팬데믹 이후 재택근무가 일반화되고 있는 상황에서 주거용 공간의 중요성은 더욱 커지는 것 같습니다.

이것만으로도 부동산 중에서 주거용 부동산에 투자해야 하는 이유가 확실해졌을 겁니다. 그런데 주거용 부동산 중에서도 저는 빌라나 오피스텔 등이 아닌, 아파트에 투자해 왔습니다.

아파트 공화국, 대한민국

주거용 부동산 중에서도 아파트에 투자해야 하는 이유는 다섯 가지 정도입니다.

첫째, 아파트는 대한민국에서 가장 점유율이 높은 주택 상품입니다. 이는 시장 참여자가 가장 많다는 이야기입니다. 통계청의 2020년 인구총조사에 따르면, 전체 주택 종목 중에서 아파트가 차지하는 비율이 62.3%에 달합니다. 20년 전에 비해 무려 15% 정도 상승한 것이죠. 그렇다 보니 대한민국은 아파트 공화국이라는 말이 나온 것이죠. 단독 및 연립 주택, 다세대 주택 등의 노후화가 심해질수록 아파트는 더욱 늘어날 텐데, 그런 면에서 빌라나 다세대 주택도 추후 개발되면 입주권이 주어지므로 아파트 투자와 큰 궤를 같이한다고 볼 수 있죠. 또한 생활 편의 측면에서도 대중들의 선호도가 높은 구조가 아파트입니다. 1960~1970년대 우리나라에 아파트가 처음 지어질 당시 언론사들이 대서특필로 다뤘을 정도입니다. 그때까지 낮은 단독 주택에서 이뤄진 주거 형태에 비해, 아파트는 온갖 편리함을 갖춘 신문물이었기 때문이죠. 말 그대로 아파트는 대한민국의 주거 문화를 바꿔놓았습니다.

둘째, 아파트는 대한민국 역사상 가장 투자 수익률이 높은 주거용 상품입니다. KB매매지수를 토대로 1986년부터 2021년 7월까지 통계를 살펴보면, 우리나라 전체 주택 상품의 해당 기간 누적수익률은 245%인데 그중 단독 주택이 76%, 연립 주택이 167%인데 반해, 아파트의 수익률은 무려 494%입니다. 지역을 좀 더 좁히면 서울의 아파트 수익 상승률은 662%, 그중 강남은 795%에 달했습니다.

숫자는 거짓말을 하지 않습니다. 이 같은 아파트의 엄청난 수익률은 기타의 주거용 상품들의 수익률을 압도해 버립니다. 최근 수년간 아파트 가격이 급등했습니다. 어쩌면 대한민국 주택 시장에서 다시 보기 힘든 상승률일지도 모릅니다. 하지만 기간을 길게 잡고 그래프를 길게 늘어뜨려 본다면, 주거용 상품, 특히 아파트의 가격은 늘 우상향해 왔다는 걸 알 수 있죠.

셋째, 아파트는 시장이 비교적 투명해 투자 접근성이 뛰어나고, 수익을 내기도 쉽습니다. 처음부터 상가나 토지에 투자하는 사람은 거의 없을 겁니다. 그만큼 어렵기 때문이죠. 투자를 좀 했다는 이도 섣불리 상가에 뛰어들었다가 수년간 공실의 어려움을 겪기도 하고, 호재만 듣고 토지에 투자했다가 몇 번의 손바뀜 이후에도 수익을 내지 못하는 사람도 많습니다. 특히 상업용 부동산과 토지의 시세는 명확하지 않고 아직까지도 정보의 비대칭성이 강합니다. 반면 아파트는 어떤가요? 대부분은 부동산 포털 사이트에서 시세를 확인할 수 있고 요즘에는 관련 애플리케이션도 잘 만들어져 있어서 정보의 비대칭성이 거의 없고 모든 정보가 쌍방향으로 잘 전달됩니다.

넷째, 아파트는 부동산 상품 중에서 환금성이 가장 좋습니다. 여기에는 분양권이라는 엉덩이 가벼운 상품도 큰 몫을 차지합니다. 여기서 엉덩이가 가볍다는 건, 매수 및 매도가 쉽고 세금 부담도 비교적 적다는 의미입니다. 부동산 투자는 대개 장기적 관점으로 해야 하지만 상황에 따라 매도해야 하는 경우도 발생합니다. 급히 목돈이 필요하거나, 더 나은 투자처를 찾은 경우가 이에 해당하겠죠. 이때 자산을 현금화할 수 있는 정도를 뜻하는 '환금성'이 뛰어난가 아닌가가 매우 중요합니다. 물건을 팔려고 내놓았는데 1년 뒤에나 팔린다면 환금성이 전혀 없는 상품이라고 봐도 무방합니다. 이러한 점에서 아파트는 비교적 거래가 잘 이뤄지는 환금성이 뛰어난 상품이죠.

마지막으로 다섯째, 아파트는 대한민국의 전세 시장이 존재하는 한 전세보증금을 레버리지 삼아 쉽게 매수할 수 있는 상품입니다. 임차인의 보증금을 이자 없이 활용하여 자산을 마련할 수 있다는 점에서 최고의 전략을 구사할 수 있는 것이죠. 대한민국에만 있는 이 전세제도로 인해, 부동산 시장의 하방경직성(자산의 가격이 하락해야 할 조건이 되었음에도 어떠한 이유로 하락하지 않는 것)이 공고해지고 투자의 효율성 또한 극대화됩니다.

아파트 투자 전략

따라서 부동산 상승기에는 갭투자로 장·단기 차익을 극대화하고, 부동산 하락기에는 전세레버리지 투자를 단행하는 것이 좋습니다. 매수 주체는 줄어도 전세 수요가 늘기 때문이죠. 다양한 투자 방식은 다음 장에서 구체적으로 살펴볼 겁니다. 다만 이러한 방법은 부동산의 수요 및 공급, 유동성 등을 확인할 수 있는 각종 지표를 면밀하게 분석한 뒤 시행해야 합니다.

부동산 투자를 처음 시작하는 경우라면, 아파트 투자를 통해 내공을 쌓은 뒤 상가와 토지, 지식산업센터 등 여타의 부동산 상품으로 투자 범위를 넓혀가기를 추천합니다.

오늘 달걀 한 개를 갖는 것보다
내일 암탉을 한 마리 갖는 편이 더 낫다.

_토머스 풀러, 영국의 성직자이자 역사학자

4장

자산 증식을 위한 부동산 투자

01

돈 한 푼 없이 내 집 마련하기

본격적으로 부동산 공부에 돌입한 것은 2012년부터였습니다. 부동산, 그중에서도 경매와 관련된 책들을 읽다 보니, 신세계를 발견한 것만 같았습니다. 근래 부동산 투자로 돈을 벌었다는 사람들을 보면 아파트를 갭 투자 방식으로 매수한 이들이 많은데, 사실 저의 첫 번째 부동산 투자는 '경매'를 통해서였습니다. 왜 하필 경매였을까요?

이유는 단순합니다. 일반적인 매수에 비해 투자 비용이 적게 들기 때문입니다. 알다시피 경매는 채무 불이행으로 압류된 부동산의 금전 채권을 충당하는 절차이므로 부동산을 원래의 가치보다 저렴하게 매입할 수 있다는 것이 가장 큰 장점이고, '경락잔금대출'이란 것이 있어서 담보대출과는 비교도 안 될 정도로 큰 레버리지를 활용할 수 있다는 것이 특징이죠. 이러한 이유로, 순자산이 마이너스 1억 원에 달했던 저는 다른 고민의 여지도 없이 경매 관련 부동산 공부를 시작했던 것이죠.

저는 친구의 아버지가 20여 년간 부동산 경매를 통해 엄청난 자산가로 거듭나시는 걸 가까이에서 지켜보았습니다. 그렇다 보니 무의식적으로나마 경매야말로 인생을 바꿀 수 있는 확실한 도구라고 여겼던 것 같습니다. 당시, 원룸에서 자취를 하고 있었기에 실거주할 목적으로 아파트를 한 채 마련하고자 했습니다. 그래서 거주 중이던 광주광역시로 지역을 한정하고 꾸준히 물건 검색과 임장을 병행했죠. 평일에는 퇴근한 뒤 경매 관련 이론 공부를 하고, 주말에는 직접 현장에 나갔습니다. 열정과 의지가 뒤섞여 하루도 빠지지 않고 몰입했던 나날이었습니다.

그렇게 첫 결실은, 광주광역시 봉선동의 아파트 낙찰로 이어졌습니다. 법원 경매장에서의 첫 입찰이 낙찰로 이어진 겁니다. 예상하듯, 싸게 낙찰받은 것도, 초심자의 행운도 아니었습니다. 대세 상승장에서의 부동산 매수에 대한 보상은 훗날에나 이뤄지는 법이죠. 저는 이 아파트를 1회 유찰 후 감정가의 90% 선인 1억 2,900만 원에 낙찰받았는데, 경락잔금대출 제도를 활용해 85%인 1억 965만 원을 빌려 매수했습니다. 세입자가 점유 중이었으나 전액 배당받을 수 있는 소액임차인이었기에 다행히, '경매의 꽃'이라고 불리는 명도를 큰 어려움 없이 마무리할 수 있었습니다.

기존 임차인은 잔금일 전에 이사하고, 새 임차인은 잔금일에 입주하는 조건으로 세를 맞췄습니다. 임차 조건은 보증금 2,000만 원에 월세 70만 원이었죠. 결국 이 아파트를 1억 2,900만 원에 낙찰받고 경락잔금대출 1억 965만 원, 세입자 보증금 2,000만 원을 받았기에, 잔금 시점에 '플피(매수한 금액보다 보증금과 월세 등을 많이 받아 플러스 피가 된 상태)' 세팅이 가능했지요. 대출이자가 월 44만 원인데 월세는 70만 원이었기에 이자를 내고도 매월 26만 원이 들어오는 구조가 되었습니다.

덕분에 이것이 바로 경매 투자의 매력이며, 경매야말로 내 돈은 한 푼 들이지 않고도 레버리지를 활용해 시도할 수 있는 부동산 투자의 유용한 도구임을 알게 되었죠. 이론만 공부하는 것과 직접 뛰어들어 수익을 내는 경험은 정말 달랐습니다.

봉선동 아파트를 통해 저는 이후 4년 동안 계속 월세를 받았고, 2017년에는 이를 2억 원에 비과세로 매도했습니다. 단순 시세차익은 7,000만 원이지만 4년간 받은 순월세까지 고려하면 자기자본 없이 약 1억 원의 세후 수익을 올린 셈입니다.

2010년대 광주광역시는 대세 상승장에 놓여 있었습니다. 경매, 분양권, 갭투자 등 방식을 가리지 않고 많은 투자자가 주택 수를 늘리며 상승의 몫을 챙겨갔습니다. 주말마다 임장하면서 만나게 되는 공인중개사들도 광주 집값이 너무 많이 올라서 거품이 대거 끼었다며 우려 섞인 푸념을 늘어놓았죠. 광주의 34평형 아파트 매매가가 어떻게 3억 원이 될 수 있느냐고 납득할 수 없다는 반응도 많았고, 실제 일부 택지지구에서는 대거 미분양 사태가 발생하기도 했습니다. 그래서 오히려 좋은 조건에 집을 구할 기회가 열리기도 했죠.

저는 직장인이 되어서까지 한 번도 아파트에 거주한 적이 없었습니다. 어린 시절 아파트라곤 볼 수 없었던 시골에서 자라기도 했고, 아파트는커녕 빌라 같은 곳에서도 거주할 형편이 안 되었기에 거주 환경이 썩 좋지 않은 일반 주택에서, 그것도 월세로만 살았습니다. 그래서인지 번듯한 내 집을 갖고 싶다는 욕망이 잠재되어 있었는지도 모르겠습니다. 막연하게 이사 다닐 걱정 없는 내 집 한 채는 꼭 가지고 싶었지요. 이러한 내면의 바람과 부자가 되고 싶다는 욕망이 맞닿아 부동산 투자에 발을 들이게 된 것 같습니다.

사실 봉선동 아파트의 경매 낙찰가는 급매 가격에 준하는 금액이었습니다. 무조건 빨리 낙찰받고 싶다는 마음에 무리하게 입찰한 탓이죠. 천만다행으로 기존 점유자를 빠르게 명도하고 새로운 임차인이 잔금일에 입주할 수 있었기에 내 돈 한 푼 들이지 않고 투자할 수 있었죠. 무엇보다 이를 통해 부동산의 메커니즘을 이해하고 경험할 수 있었다는 게 가장 큰 소득이었습니다. 이 작은 성공 경험을 통해 투자에 대한 자신감을 갖게 된 것도 큰 수확이었습니다.

성공적인 투자, 그런데?

경매를 통해 부동산을 매수했음에도, 당장은 생활이 크게 달라지지 않았습니다. 한 번의 투자 성공으로 갑자기 부자가 될 수는 없다는 걸 알게 되었죠. 손에 곧 잡힐 것 같아 보였던 부자의 꿈이 실망으로 바뀌자, 보이지 않는 미래가 더욱 갑갑하기만 했습니다. 그래서 여자친구와 결혼한 뒤에는 매주 토요일에 로또를 샀습니다. 그저 재미 삼아 한 장씩 산 게 아니라, 최소 3만 원, 많게는 10만 원어치를 샀습니다. 당시 저에게 로또는 '인생 역전'에 이르는 고속열차 승차권이나 다름없었습니다. 토요일마다 로또를 사서는 희망을 잃고 싶지 않아 그다음 주 토요일 오전에 당첨 조회를 하곤 했습니다. 일주일의 희망 고문이 필요했던 셈입니다. 그러던 어느 날, 문득 이런 생각이 들었습니다

"로또 당첨 확률이 높을까? 내가 노력하고 공부해서 투자로 성공할 확률이 높을까?"

아무리 행복 회로를 돌려도, 후자의 확률이 높을 것 같았습니다. 이 같은 자각을 통해, 다시 제2의 부동산 투자 공부를 시작했습니다. 저는 '자기계발'이란 단어 앞에 꼭 '자각을 통한'이란 수식을 붙이고 싶습니다. 왜냐하면 자각이 있기 전까지는 온전한 자기계발을 이룰 수 없고, 그저 그런 인생을 살 수밖에 없기

때문입니다. 아니 오히려 그런 인생이 정말 힘든 인생이지요. 특정 시점, 찰나의 깨달음이 한 사람의 인생을 송두리째 바꾸는 법입니다. 당신에게는 어떤 자각이 있나요?

부자가 되는 쉬운 방법이 있다.
내일 할 일을 오늘 하고
오늘 먹을 것은 내일 먹어라.

_탈무드

02

부동산 투자의 다양한 방법

경매로 부동산 투자 시장에 첫발을 내디뎠지만, 공부를 하다 보니 부동산 투자에도 다양한 방법이 있다는 걸 알게 되었습니다. 몇 년간 이어진 유동성 증가세에 부동산은 물론, 주식 시장에도 영끌과 빚투가 난무했는데, 그 핵심은 수익 증대를 위해 자기자본 외에 부채(타인자본)를 끌어다가 투자하는 레버리지 투자였습니다.

각종 대출 규제로 투자가 쉽지 않은 요즘에도, 투자자들은 규제에 무조건 순응하는 것이 아니라, 대응하고 있습니다. 사업자, 후순위, P2P 등 각종 대출 우회로를 이용하는 것이지요. 아파트 투자를 규제하면 오피스텔이나 지식산업센터, 생활형 숙박시설 등으로 풍선효과가 번지는 것처럼, 대출 또한 DSR, DTI, LTV 등을 제한하니 여타의 방법으로 대출이 이뤄지는 겁니다.

투자자들은 여유자금이 생기면 또다시 투자할 곳을 찾습니다. 부동산 등기를 하지 않으면 불안해서 가만히 있지를 못한다는 '등기병'이 있어서일지도 모르겠습니다. 하여튼 투자처가 보이면 어떻게든 레버리지를 일으켜서 매수하려고 하는데, 저 역시 그와 같은 투자자로서 제가 시도했던 부동산 레버리지 투자법을 몇 가지 소개하겠습니다.

경매 투자

경매야말로 대표적인 레버리지 투자법이라고 할 수 있습니다. 명의를 어떻게 하느냐에 따라 다르긴 하지만, 부동산 경매에서는 낙찰금액의 80%까지 대출을 받을 수 있는 경락잔금대출 제도란 것이 있습니다. 이처럼 레버리지를 크게 활용할 수 있어서 일반 매매 방식에 비해 확실히 소액으로, 심지어 내 돈을 들이지 않고도 부동산을 매수할 수 있다는 점에서 매우 매력적인 투자법입니다.

분양권, 청약 투자

어느 아파트의 분양가가 총 5억 원이라고 가정합시다. 그렇다면 이 아파트의 매매가는 분양가와 동일하게 5억 원입니다. 그런데 분양권의 경우 분양가의 10~20%만 계약 시점에 납부한 뒤 나머지는 중도금과 잔금 시 납부하면 매수가 가능합니다. 이때 중도금대출과 잔금대출을 레버리지로 활용할 수 있고, 잔금 시점에 세입자를 구해 전세보증금을 레버리지 삼아서 등기를 완료할 수 있습니다.

또한 미분양이 발생한 지역의 분양권일 경우, 계약금이 분양가의 5%인 경우도 있고, 심지어 단돈 1,000만 원에 계약이 가능한 경우도 있지요. 특히 추후 잔금 시까지 중도금대출 또한 건설사 자체보증(사실상 대출이 없음)으로 진행하는 경우도 있고요. 따라서 분양권 투자는 대표적인 레버리지 투자 종목으로서 초보 투자자들이 접근하기에 매우 용이합니다. 최근 몇 년간 이어진 상승장에서는 분양권을 매입한 후 2, 3년이 지난 입주 시점에 전세가가 분양가만큼 올라서 자기 돈 한 푼 들이지 않고 아파트 등기를 하는 것도 가능했습니다. 아파트의 매매가는 대부분 올랐기에 몇 억의 시세차익은 덤이 되었죠.

단, 분양권 투자 시 유의할 것이 있습니다. 잔금 시점에 전세 세입자를 구하지 못하거나 잔금을 마련하지 못해 분양 잔금을 치르지 못하면 금융기관이나 고려신용정보를 통해 어려움을 당할 수 있다는 것이죠. 따라서 투자 전에 자신의 현금 여력을 꼼꼼히 체크해야 합니다.

갭투자

갭투자는 이제 대중들에게까지 널리 알려진 투자법으로, 그 방식은 매우 단순합니다. 예를 들어, 한 아파트의 매매가가 4억 원인데, 전세가는 3억 8,000만 원이라고 합시다. 이 아파트를 매수하려면 순수하게 내 돈 4억 원이 있어야 할 것 같지만, 잔금일을 새로운 전세 세입자 입주일과 동일하게 맞추면 해당 아파트의 매매가에서 전세가를 뺀 갭, 딱 2,000만 원으로 아파트를 매수할 수 있습니다. 전세 세입자의 보증금 3억 8,000만 원을 더해 아파트 등기가 가능하기 때문이죠. 물론 기존 세입자가 있는 상태에서 매매가의 전세보증금의 갭만큼만 매도자에게 주고 계약하는 것도 가능하지요.

투자 방법이 단순한 데다 투자금 자체가 적기에 최근 상승장에서 엄청난 수익률로 증명된 방식입니다. 실제로 우리나라에서 아파트에 투자해서 돈을 꽤 벌었다는 이들이 굉장히 많이 활용한 투자법이기도 합니다. 언론에서는 갭투자를 무슨 신종 투기법인 것처럼 매도하고 있지만, 오래전부터 있었던 고전적인 부동산 투자법 중 하나입니다.

전세레버리지 투자

갭투자와 전세레버리지 투자는 부동산을 매수하는 방식은 동일하지만 매수 목적과 수익실현 방법에서 약간의 차이가 있습니다. 단순히 부동산의 매매가와 전세가의 차이가 적은 곳을 투자처로 삼아 비교적 단기간 내 시세차익을 노리는 것이 갭투자라면, 전세레버리지 투자는 전세 수요가 꾸준히 발생할 만한 곳의 부동산을 매수한 뒤 2년마다 세입자로부터 전세보증금을 올려 받아 투자금을 회수하는 방식의 투자입니다. 얼마간 시간이 흐른 뒤 해당 부동산을 매도하여 양도 차익을 얻을 수도 있겠지만, 일반적으로는 장기 보유하는 편이죠. 부동산 김사부 김원철 작가님이 《부동산 투자의 정석》에서 처음 소개한 투자법이죠. 물론 갭투자로 매수한 아파트가 전세가 역시 상승해 전세상승분을 수익으로 가져다줄 때도 있지만, 일반적으로 갭투자는 단기 이익을 추구한다고 볼 수 있죠.

제가 전세레버리지 투자를 선호하는 건 마음 편한 장기투자가 가능하기 때문입니다. 전세 수요가 풍부한 곳에 투자한 뒤 2년마다 전세상승분을 받는다면 다시 또 다른 곳에 투자할 자금을 충전할 수도 있지요. 결과적으로는 장기 보유할 목적으로 투자처를 찾다 보니, 많은 이가 실수요로 선호할 만한 지역과 아파트를 찾게 되었고 그것이 자연스럽게 전세레버리지 투자로 이어진 것 같습니다.

플피, 무피 투자가 병행된 갭투자

플피, 무피 투자는 앞서 소개한 갭투자와는 조금 다른 유형의 투자인데요. 2, 3년 전 수도권에서 제가 직접 경험했던 것으로, 방식은 간단합니다. 우선 금융기관이나 기금에서 대출을 받아 아파트를 매수한 뒤 등기를 완료합니다. 그다음엔 일정 금액(대부분 1,000만 원 미만)을 들여 아파트를 수리한 뒤 세를 내놓습니다. 사실 도배, 장판, 욕실 리모델링만 해도 전혀 다른 집이 되죠. 그 후 해당 물건을 잘 소개해 줄 중개인을 구해 시세보다 낮은 가격에 전세나 월세를 세팅한 뒤 세입자를 들여서 투자금을 모두 회수합니다. 이때 전세보증 보험 등의 기술을 쓴다면 수익률을 더 높일 수도 있습니다.

구체적으로 살펴봅시다. 만약 2억 원짜리 아파트일 경우 금융기관에서 1억 2,000만 원을 대출받고 나머지 잔금만 치르고 매수합니다. 그 뒤 1,000만 원 정도 비용으로 수리를 마치면 여기까지 내 돈은 9,000만 원 정도가 들어가죠(취·등록세와 중개수수료는 제외). 그리고 이렇게 수리한 아파트를 전세 1억 원에 내놓는 겁니다. 세입자를 구해 전세보증금을 받게 되면 오히려 1,000만 원이 남는 플피 투자가 가능합니다. 대출이 1억 2,000만 원이나 되는데 전세 1억 원에 세입자가 계약을 할 리 있느냐고 물을 수 있습니다. 이것이 유능한 중개인과 전세보증 보험이 필요한 이유입니다.

레버리지 투자의 리스크

앞서 소개한 레버리지를 활용한 투자는 제가 경험한 것들입니다. 이를 통해 운 좋게도 망하지 않고 책을 쓸 정도의 성공을 거두긴 했습니다만, 고백하자면, 언제나 성공한 것은 아닙니다.

2018년에 저는 용인 수지의 한 아파트를 갭투자로 매수했습니다. 매매가가 4억 2,000만 원, 전세가가 4억 원이었기에 단돈 2,000만 원에 아파트를 구한 겁니다. 일단 갭투자는 설명한 것처럼 매매가와 전세가의 갭이 작은 곳을 투자처로 선정한 뒤 추후 매매가 상승으로 인한 시세차익을 목표로 하기에, 후발 투자자나 실거주자에게 아파트를 매도하는 방식으로 진행되죠. 처음에는 경기도 용인, 그것도 실거주 만족도가 높은 수지의 4억 2,000만 원짜리 아파트를 단돈 2,000만 원으로 소유할 수 있게 되어, 전세라는 훌륭한 레버리지를 잘 활용했다 싶어서 기분이 좋았습니다.

문제는 1년 뒤에 벌어졌습니다. 2019년 부동산 시장이 하락론으로 뒤덮이고 있었습니다. 그도 그럴 것이 서울뿐 아니라 경기 남부권에 대규모 입주가 진행되고 있었으니까요. 용인은 물론 동탄, 수원 등에도 입주 물량이 적지 않았는데, 정부의 각종 규제까지 쏟아졌습니다. 시장에 하락론이 팽배해지면서 많은 투자자가 역전세에 시달리기 시작했고 갈수록 폭락론이 우세했죠.

그때 제가 매수했던 아파트의 전세 갱신이 도래했습니다. 아니나 다를까, 전세가가 4,000만 원에서 많게는 6,000만 원까지 하락한 상태였죠! 여기서 오는 공포를 여러분은 느껴보셨습니까? 사실 부동산의 매매가는 하락해도 팔지 않으면 그만이지만, 전세가가 하락하면 세입자가 나가는 날 몇천만 원의 전세금을 돌려줘야 합니다(재계약이든 신규 임차이든 마찬가지죠).

당시 제가 투자한 아파트 중 전세 갱신이 도래한 곳이 두 곳이었는데, 다행히 하나는 급하게 집을 구하는 세입자를 받아 동일 금액으로 갱신했고, 이 수지의 아파트는 그나마 깎아서 3,000만 원을 내주면서 재계약을 진행했죠. 이 돈은 어디에서 구했냐고요? 월급이 빤한 직장인 투자자로서 급하게 대출받을 곳도 없었기에, 다른 투자처를 포기하고 역전세를 막은 겁니다.

이처럼 심장 떨리는 경험을 통해, 무리한 투자와 레버리지 투자 대해 다시 한번 생각하게 되었습니다. 그저 꾸준하게 부동산을 매수하고 잔금을 치르는 습관적인 투자 생활에 경종을 울린 셈입니다. 투자자에게 일정량의 현금 보유는 금과옥조란 사실도 가슴에 새겼습니다.

모든 투자는 레버리지 사용이 가능합니다. 주식에 투자할 때도 증권사 신용을 활용할 수 있고, 개인 신용이나 마이너스 통장을 활용해 대출받을 수도 있죠. 투자자 중에는 지인에게서 자금을 융통하거나 공동투자를 진행하는 이들도 많습니다. 레버리지를 활용하는 것은 어려운 일도, 불법적인 일도 아닙니다. 하지만 여기에는 책임과 기한이 있습니다.

상업용 부동산을 포함한 모든 부동산의 가장 큰 리스크는 공실로 인한 자금 부담입니다. 지난 정부에서 경험했듯, 대출 또한 규제에 막혀 어려워질 수 있습니다. 또한 대단히 유용한 레버리지인, 전세가도 언제나 우상향하는 것만은 아닙니다. 시장 상황이 내가 예측한 대로 흘러가는 것도 아니죠. 상가의 임차인이 장사가 되지 않아서 빨리 퇴거할 수도, 생각보다 신규 임차인이 쉽게 들어오지 않아서 공실이 길어질 수도 있습니다.

이러한 위험은 늘 존재합니다. 따라서 투자를 결정하기 전에 '철저한 분석'이 우선되어야 하고 시시각각 변하는 상황에 '대응'해야 하는 것이 투자자의 숙명입니다. 덧붙여, 레버리지에 금전적인 대출만 있는 건 아니라는 것도 기억하세요. 사람을 활용하는 인적 레버리지, 시간을 활용하는 타임 레버리지 등도 활용할 필요가 있지요. 내가 모든 것에 직접 관여하고 A부터 Z까지 혼자 하는 것이 능사는 아닙니다. 사람과 시간을 활용하는 방식도 과감하게 시도하길 바랍니다.

위험하지만 수익은 그보다 달다

레버리지에는 리스크가 있으니 가급적이면 쓰지 않는 편이 좋은 걸까요? 요즘 같은 시대에, 레버리지를 결코 이용하지 않겠다는 생각은 미래에 엄청난 후회로 돌아올 수 있습니다. 레버리지를 활용해 부동산에 투자한 저는 자산 상승이란 보너스를 받았습니다. 대출 규제가 심화될수록 전세보증금이라는 사금융은 훌륭한 레버리지였습니다. 정책 변화로 추후에 전세의 월세화가 가속화된다면, 월세가 나 대신 이자를 내줄 레버리지가 될 것입니다.

그렇다면 레버리지 투자의 리스크에 대비하려면 어느 정도의 현금을 보유하는 것이 좋을까요? 전문가들은 자산 대비 10%, 혹은 20%가량을 보유해야 한다고 하는데, 사실 정해진 것은 없습니다. 투자자의 상황에 따라 다르기 때문이죠. 훌륭한 현금흐름이 세팅되어 있다면, 그것만으로도 현금을 보유한 것입니다. 현금은 아니어도 일주일 안에 현금화할 수 있는 환금성 좋은 자산이 있다면, 그 역시 현금을 보유한 것과 다름없습니다.

저의 경우, 주식 등의 환금성 좋은 상품으로 꾸준하게 포트폴리오를 분산시키고자 애쓰고 있고, 언제라도 등기 하나 칠 수 있을 정도의 여유자금을 준비하고 있습니다.

투자로 버는 이자 몇 푼보다는
언제든 쓸 수 있는 돈 1,000달러가 주는
안도감이 더욱 소중하다.

_어니스트 버핏, 워런 버핏의 조부

03

여전히 유효한 분양권 투자

경매로 부동산 투자를 시작한 뒤 투자 방식에 변화가 필요하다는 걸 인지한 것은 2016년이었습니다. 그때부터 저는 아파트 분양권 투자에 열을 올렸죠. 자금력이 충분치 않았던 월급쟁이 투자자에게는 이상적인 투자처였기 때문이죠. 그렇게 지방과 수도권 아파트 분양권을 매입해 나가다가 2017년 전북 전주시의 아파트 분양권을 하나 매수하게 되었습니다. 해당 지역에 거주 중이 아니었기에 초기에 프리미엄을 주고 이를 매수했지요. 계약금 4,000만 원에 프리미엄 300만 원까지 합해 총 4,300만 원이 들었습니다. 앞서 말했듯 분양권 투자의 최대 장점은 초기 계약금 10%와 프리미엄만 지출하고 중도금대출을 받으면 입주 시점까지 추가 투자금이 없다는 것이죠. 2020년이 되어 이 아파트의 입주 시기가 도래했을 때 저는 세입자를 받아 전세보증금으로 잔금을 치렀습니다. 그런데 그 전세보증금이 무려 5억 5,000만 원이었습니다. 덕분에 등기를 치면서 저는 약 1억 5,000만 원의 투자금을 회수할 수 있었습니다. 2021년 기준 이 아파트의 매매가는 13억 원입니다.

정리하자면, 초기 투자금 4,300만 원으로 분양권을 취득하고, 잔금은 타인의 자본이자 가장 안정적인 레버리지인 전세보증금을 통해 등기를 진행한 겁니다. 세전이긴 하지만 현재 시세 13억 원을 기준으로 투자금 대비 수익률을 계산하면 무려 3,000%가 넘습니다. 4년 전 4,000여만 원을 들고 중도금대출과 전세보증금 레버리지를 활용한 투자가 13억 원 상당의 부동산으로 돌아온 셈이죠.

2016년부터 지금까지 다양한 방식으로 투자해 왔지만, 분양권 투자는 개인적으로 굉장히 선호하는 방식입니다. 갭투자도 하고 있긴 하지만, 개인 및 법인 취·등록세 중과가 시행되면서부터는 1억 원 미만의 물건이 아니고서는 관심이 잘 가질 않고, 재개발이나 재건축은 입주권을 가질 경우 세제 관련 장점이 대단하기에 앞으로 공부할 생각이지만, 쉽게 뛰어들 수 있는 분야는 아닌 것 같습니다. 그렇다면 현시점 분양권 투자에 기회가 있다는 생각이 듭니다. 단, 분양권을 등기하지 않고 중간에 매도할 경우 양도세율이 60~70% 이르기에 정부에 엄청난 기부를 해야 한다는 것은 꼭 기억해야 합니다. 그럼 제가 분양권 투자를 추천하는 이유를 몇 가지 소개하겠습니다.

첫째, 분양권은 분양가의 5~20%에 해당하는 계약금만 있으면 소유할 수 있습니다. 해당 물건이 규제지역에 속할 경우 보통 계약금은 20%, 비규제지역에 속할 경우 계약금은 10%를 준비하면 됩니다. 이처럼 비규제지역의 아파트라면 투자금이 더욱 적게 드는데, 실제 2020년 인천 검단에서는 미분양이 나자 계약금을 5%로 낮추는 파격적인 일도 있었습니다.

둘째, 분양권은 재산세나 보유세 등의 세금이 부과되지 않습니다. 문재인 정권에서 시행된 각종 규제를 보면, 세금이야말로 가장 큰 리스크가 될 수 있다는 걸 알 수 있습니다. 다만 분양권의 경우 보유세는 없지만 타 주택의 양도 및 취·등록 등의 세율에는 영향을 미칩니다. 또 개인 재산 평가 시 분양권이 재산가액에 포함될 수 있다는 걸 기억해야 합니다.

셋째, 이미 소유 주택이 있더라도 비규제지역의 아파트라면 분양권 대출을 받을 수 있습니다. 미분양이 나거나 사업지의 시행 및 시공 능력이 부실한 건설사가 지은 물건이라면 2금융대출 또는 건설사 자체보증을 진행하는 경우도 있습니다. '중도금대출 세대당 2건 가능' 같은 조건은 빠질 수도 있죠. 다만 이런 사업지들이 오히려 입주 시점이나 입주 2년 뒤 황금알을 낳는 거위로 탈바꿈하기도 합니다.

넷째, 중도금대출은 대출 차주를 누구로 하느냐에 따라 공동명의, 공동투자 등이 가능합니다.

다섯째, 가장 최신의 신축 아파트를 갖게 됩니다. 최근 5년간 아파트 시장의 화두는 단연 새 집, 즉 신축이었습니다. 오죽하면 '신축불패'라는 말까지 나왔겠습니까. 누구나 새 집에 살고 싶어합니다. 분양권이 인기가 높은 이유도 준공 후 등기를 통해 신축 아파트로 거듭나기 직전의 상품이기 때문이죠.

여섯째, 건물이 올라갈수록 프리미엄도 동반 상승하는 놀라움을 안겨줍니다.

일곱째, 자산 시장 참여자들이 가장 선호하는 상품입니다. 투자로 돈을 벌려면 내가 살고 싶은 집을 사야 할까요, 대중(다수)이 살고 싶은 집을 사야 할까요? 당연히 후자입니다. 플레이어들의 참여율이 가장 높은 상품이 분양권이며, 그래서 출구 전략에도 용이합니다. 이는 아파트 중에서도 가장 환금성이 뛰어나다는 뜻이기도 하지요.

여덟째, 등기 전 전매가 가능한 단지일 경우 취·등록세 중과를 피해 매도할 수 있습니다. 물론 양도세 폭탄은 감수해야겠지만 말이죠.

아홉째, 대개는 3년 안에 수익률(게임) 승부가 납니다. 보통의 아파트 사업지는 청약 또는 분양권 계약 시점부터 대략 3년을 전후로 준공 후 입주까지 완료됩니다. 신축을 선호하는 트렌드가 이어지는 가운데 이 3년 안에 아파트의 매매가가 2~3배 폭등한 곳이 굉장히 많습니다.

투자라는 건 결국 수익률 싸움이지만 이 앞에는 투자금과 기간이라는 대단히 중요한 모수가 있는데, 분양권의 투자 기간은 대략 3년이라고 보면 됩니다. 3년이란 기간 동안 굉장히 큰 수익률을 안겨주는 상품 중 가장 안정적이고 대중이 좋아하는 것 중 하나가 분양권 투자라는 걸 기억할 필요가 있습니다.

투자는 은행처럼

아파트나 빌딩 투자에서만 이런 엄청난 수익이 가능할까요? 레버리지를 충분히 활용해 초기에 소액으로 투자할 수만 있다면 모든 부동산 물건의 자산 가치 상승으로 인한 차익 극대화를 노려볼 수 있습니다. 투자 초기, 자기자본과 타인자본(대출이나 보증금)을 더해 부동산을 소유하게 되면, 이때부터 올라가는 자산 가치가 오로지 자신의 순자산이 됩니다. 대출을 더 일으키지 않는 이상 올라가는 순자산과 올라가는 총자산의 금액이 정확히 일치하죠.

자본주의 사회에서 금융기관은 예대마진, 즉 예금금리와 대출금리간의 차이에서 수익을 냅니다. 수많은 고객의 적금이나 예금 같은 수신을 통해, 여신(대출)을 일으키는 것이죠. 이러한 구조를 알면서도 우리는 은행을 욕하지 않습니다. 우리도 이 같은 금융기관의 돈 버는 방식을 배울 필요가 있습니다. 결국 레버리지를 잘 활용한 사람과 그렇지 못한 사람 사이에는 자산의 격차가 벌어질 수밖에 없습니다. 물론 무턱대고 대출부터 받으라는 말이 아닙니다. 올바른 레버리지 활용과 위험한 레버리지 활용을 구분해야겠지요.

스태그플레이션이 온다, 고금리 시대가 도래한다, 부동산이 폭락한다와 같은 이야기에 두려움을 느껴 자산 상승 열차에 탑승을 거부하시겠습니까? 두려움을 극복하고 열차에 탑승해 자산 상승의 행복을 만끽하시겠습니까?

많은 이가 빚을 내서 자산을 취득하는 방식을 꺼리다가 수많은 기회를 날립니다. 타인자본까지 들여서 투자하는 건 아닌 것 같다는 그 선입견이야말로 '부'에 이르는 길을 가로막고 있는 장애물이 될 수 있다는 걸 기억하길 바랍니다.

가장 큰 위험은 위험 없는 삶이다.

_스티븐 코비, 경영학자이자 베스트셀러 작가

04

소액으로 매수한 서울 빌라

저는 그동안 실거주 중인 집을 제외하고는 항상 소액으로만 투자를 해왔습니다. 사실 지금 살고 있는 집도 2년 전에 처음으로 자가로 전입한 것인데 그전까지는 투자를 위해 월세로 살면서 10년간 이사만 여덟 번 정도 했습니다. 제가 소유한 아파트의 임차인들은 40평대 이상의 대형평수에 거주했지만, 오히려 저는 84㎡ 이하의 아파트에 임차인으로 거주하고 있었죠.

예전부터 지금까지 저는 다가구, 근린주택 등 통건물이 아닌 주택형 상품을 대상으로 주로 소액투자를 합니다. 소액투자는 이번 부동산 대세 상승장에서 저에게 엄청나게 달콤한 열매를 가져다준 최고의 투자법이었죠. 투자금 자체가 크지 않다 보니 수익률도 엄청났습니다. 2017년부터 전국 각지에 소액으로 뿌려놓은 씨앗들은 2, 3년 뒤 수익률 3,000~4,000%로 돌아왔습니다. 등기 시점부터 플피 세팅이 되었을 경우엔 무한대의 수익률을 선사했고요.

2021년에는 서울 송파구의 빌라 1채를 매수했습니다. 매매가가 1억 5,000만 원이고 기존 세입자가 1억 4,000만 원에 거주 중이었기에 중개수수료와 취·등록세를 제하면 투자금이 1,000만 원에 불과했지요. 그런데 계약한 지 1년도 안 된 상황에서 임차인이 퇴거 의사를 밝혔습니다. 계약 기간 내 임차인이 조기 퇴거를 요청한 상황이라 제 입장에서는 신규 전세로 인한 부동산 수수료 낼 필요가 없으니 좋고, 신규 세입자를 구한다면 투자금을 생각보다 빨리 회수할 수 있으니 좋았죠.

급할 것이 없는 상황이라 저는 부동산중개소 10곳에 가볍게 전세 브리핑 문자를 돌렸습니다. 그런데 세를 내놓은 다음 날부터 집을 보겠다는 사람들의 연락이 끊이지 않았습니다. 그렇게 딱 2주 만에 전세보증금 1억 6,000만 원에 신규 세입자와 계약했습니다. 이로써 투자금을 모두 회수하고도 1,000만 원을 번 플피 투자가 되었지요. 만약 매수한 후 일부 수리를 하고 세를 놓았다면 무피 투자도 가능했을 겁니다.

치솟는 부동산 가격에 내 집 마련이 불가능에 가깝다는 요즘, 어떻게 이런 일이 가능한지 의아할 겁니다. 저에게 이 빌라를 매도한 전 주인도 종부세 중과 같은 부담 때문에 보유 15년 만에 큰 수익도 없이 제게 해당 빌라를 매도한 상황이었죠. 빌라를 매수한 지 1년이 채 지나지 않은 현시점 이 빌라의 매매가는 두 배 이상 올랐습니다. 물론 빌라의 특성상 시세 측정이 쉽지 않지만 근처의 반지하 빌라도 1년 전에 비해 그 정도 올랐기에 추측해 봅니다. 이제 매매가와 전세가의 차이도 6,000만~7,000만 원가량·벌어졌고요.

부동산 투자자들 중에는 빌라가 가격이 드라마틱하게 오르기 힘들기에 시세차익형 투자처로는 적합하지 않다고 하는 이들도 있습니다. 그런 빌라를 굳이 매수할 이유가 있었는지 묻고 싶은 사람도 있을 겁니다. 사실 제가 소액으로 빌라 갭투자를 한 건 서울의 대지지분을 조금씩 확보하기 위해서입니다. 아파트든 다가구든 빌딩이든 핵심은, '땅'입니다. 저는 건물보다 땅을 산다는 생각으로 서울의 빌라를 매수했습니다. 장기적으로 볼 때, 기회가 될 때마다 우량지역의 대지지분을 확보하는 것이 가장 현명한 투자라고 생각하기 때문이죠. 이러한 이유로 저는 이 빌라를 매도할 생각이 없습니다.

또한 자금과 시간의 여유가 있는 투자자라면 부동산을 매수하고 등기를 마친 후 공실 상태에서 수리까지 마칠 수도 있겠지만, 저는 그럴 수 있는 입장이 아니었습니다. 해서 빌라의 매매가가 얼마나 오를 것인가보다는 전세보증금을 올려받아 투자금을 빠르게 회수할 수 있는지만 따져 투자를 결정했지요.

투자 시장에 뛰어드는 순간, 우리는 원하든 원하지 않든 실전 경험과 자금적으로 여유가 많은 투자자와 경쟁하게 됩니다. 당신이 경험도 부족하고 자금력도 부족한 상황이라면, 시간과 투자금을 줄이기 위해서라도 더욱 공부하고 많은 곳을 임장해야 합니다.

저는 현재 청약, 분양권, 상가, 법인, 경매 등 다양한 방식으로 투자하고 있습니다만, 성향상 갭투자보다는 전세레버리지 투자를 선호합니다. 앞으로도 그럴 것 같습니다. 그러나 투자에는 정답이 없고 돈을 버는 방식도 다양하다는 걸 알아둡시다.

갭투자, 해야 할 때와 하지 말아야 할 때

이처럼 소액으로 시도할 수 있는 갭투자와 전세레버리지 투자는 대단한 수익률을 보장하는 투자법임에 확실합니다. 그러나 비교적 단기간에 시세차익을 노리는 갭투자의 경우 해야 할 때가 있고, 하지 말아야 할 때가 있습니다.

단순히 해당 지역에 주택 공급이 부족하고 입주 물량이 없다는 판단이 서면 일단 갭투자로 진입하는 투자자가 많습니다. 하지만 이때가 위험합니다. 특정 단지에 투자자들이 한꺼번에 유입되면 전세 물건이 너무 많이 나와서 세입자를 구하기 쉽지 않기 때문이죠. 대출 규제 등으로 전세자금 대출까지 잘 나오지 않는다면 더욱 위험합니다. 심지어 전세금 대출이자보다 월세가 저렴하다면 어떻게 될까요? 누가 전세금 대출을 받아 세입자로 들어가 살 집을 구하겠습니까. 이에 따라 전세 수요가 급감할 수 있습니다.

갭투자를 해야 되는 시기와 지역이 딱 정해져 있는 건 아닙니다. 최소한의 투자금으로 내가 정해놓은 기간 안에 전세를 맞출 수 있다면, 또 2년 뒤 갱신 시점에 역전세 우려가 없는 곳이라면 도전할 수 있습니다. 이제 부동산 상승장도 지나가니 갭투자를 할 수 없지 않냐고 묻는 사람도 있는데, 그렇지 않습니다. 시장이 약보합 내지 하락기에 접어들면 오히려 다들 집을 살 것 같지만, 무주택자가 집을 매매하기보다 임차로 눌러앉을 확률이 높습니다. 시장 상황이 좋지 않아 상승을 기대하기 어려울 땐 투자자들도 투자를 멈추고, 매수자 우위 시장일 때는 잔금일을 길게 잡아 뒤로 빼는 일도 생깁니다. 이때가 갭투자를 할 수 있는 적기입니다. 오히려 시장 상황이 좋아서 모두가 상승을 기대하면서 너나 할 것 없이 투자에 뛰어들면 매수할 물건을 구하기도 쉽지 않고 구하더라도 전세 맞추기가 어렵죠.

2019년 경기도와 서울 일부 지역에서 미분양이 나고 입주 물량이 많아질 때, 저는 아주 적은 돈으로 빌라를 매수할 수 있었습니다. 사실 집을 산 지 5, 6개월쯤 지나자 더욱 가격이 떨어졌는데, 제가 어떤 분위기에 매수를 강행했는지 상상이 되시나요? 시장이 좋을 때는 좋은 물건을 찾기 어렵습니다. 매도자는 가격을 올리기 바쁘고 매수자는 갭이 좀 벌어져도 상승할 거라고 믿기에 잘 따져보지도 않고 가계약금부터 송금합니다.

따라서 투자자의 자금 사정에 맞춰서 여유를 가지고 최소 4년 이상 기다릴 수 있는지 자문해 보세요. 그럴 수 있다면 투자하세요. 어쩌면 투자 공부는 자신만의 최적의 투자 타이밍을 찾기 위한 노력이라고 볼 수 있습니다.

썰물이 빠졌을 때에야 비로소
누가 벌거벗고 헤엄을 쳤는지 알 수 있다.

_워런 버핏

05

부동산 하락장에서 거둔 현금흐름

주식과 가상화폐 등 열기가 뜨거웠던 투자 자산의 가치가 하락하는 가운데, 2022년 6월 현시점 여전히 부동산은 일부 지역에서 신고가를 내고 있습니다. 누군가는 이를 인정하려 하지 않겠지만, 사실입니다. 물론 이제 부동산은 하락장으로 접어들었다고 하는 이들도 있습니다. 그 기준을 언제부터 언제까지로 두느냐에 따라 부동산은 상승장이기도 할 테지만 말이죠. 다만, 저는 2개월 전인 4월 말에 조정대상지역에 있는 다가구(근린주택) 한 채를 경매로 낙찰받았습니다.

감정가	약 8억 3,000만 원	초기 투자금	1억 5,000만 원
낙찰가	6억	대출	4억 5,000만 원

감정가가 8억 3,000만 원에 가까운 다가구 한 채를 6억 원에 낙찰받았습니다. 경락잔금대출을 통해 4억 5,000만 원을 빌려서 매수했으나 일단 안전마진은 2억 원 이상 확보한 상태로 건물의 소유권을 갖게 된 겁니다.

경매로 매수한 부동산은 등기 시점부터 명도를 시작할 수 있는데, 기존 임차인을 명도하고 새로운 임차인을 빠르게 들이려면 낙찰된 날부터 발 빠르게 준비해야 합니다. 이것이 경매에서 가장 중요한 명도의 기술이지요. 사실 다가구나 근린주택이나 신규 임차인을 구하는 과정은 아파트나 빌라 매수 시와 크게 다르지 않은데, 임차인만 다수라고 보면 됩니다. 기존 임차인을 차례로 내보내고 새로운 임차인과 임대차 계약을 맺으면서 투자금

2021타경 **전주지방법원 본원** 관할법원안내 **매물목록보기** ›

매각기일 : 2022.03.21 (오전 10:00) | 담당계 : 경매 2계(063-259-5532) 조회수 오늘 **1** / 전체 **3106** (평균:**0**) 조회동향보기

소재지	**전라북도 전주시 완산구** 지도보기						
물건종별	근린주택	매각물건	토지·건물 일괄매각	감정가	826,039,740원	소유자	
건물면적	489.54㎡	사건접수	2021.04.22(신법적용)	최저가	(70%) 578,228,000원	채무자	
토지면적	273.6㎡	입찰방법	기일입찰	보증금	(10%) 57,822,800원	채권자	

매각기일내역

구분	매각기일	최저매각가격	결과
1차	2022.02.07	826,039,740원	유찰
2차	**2022.03.21**	**578,228,000원**	

낙찰 600,000,000원(72.64%)
입찰 1명, 낙찰자 :
매각결정기일 : 2022.03.28 / 매각허가결정
대금지급기한 : 2022.04.28
대금납부 2022.04.25 / 배당기일 2022.05.27
배당종결 2022.05.27

호수	종류	보증금	월세
101호	상가	2,000만 원	40만 원
201호	주택(포룸)	6,000만 원	65만 원
202호	주택(포룸)	1,000만 원	65만 원
301호	주택(포룸)	7,000만 원	40만 원
302호	주택(포룸)	1억 3,000만 원	15만 원
401호	주택	500만 원	45만 원
401호	주택(복층)	4,000만 원	100만 원

을 회수하는 수순입니다. 그렇게 저는 경매로 낙찰받은 다가구에 전월세 신규 임차인을 위와 같이 받았습니다.

참고로 여기서 말하는 포룸은 방 3개, 거실 1개가 있는 빌라 수준의 주거 공간을 뜻합니다. 지역에 따라 거실을 제외하고 쓰리룸으로 부르기도 합니다. 전세자금대출의 활성화로 인해 원룸과 빌라 시장도 주거 공간이 상향 평준화돼가고 있고, 원룸, 투룸보다는 쓰리룸, 포룸이 전세가격도 높고 인기도 훨씬 많습니다.

낙찰 후 401호를 제외한 모든 호수에 신규 임차인을 구하고 나니 임대보증금만 3억 3,000만 원이 되어 투자금 1억 5,000만 원을 바로 회수하고도 1억 8,000만 원이 남는 플피 투자가 가능했지요. 당시 월세도 305만 원이 확보되었는데 책을 쓰는 현시점 공실이었던 401호에 보증임차인을 구하게 되어 총 월세가 350만 원이 되었고, 대출받은 4억 5,000만 원의 이자와 각종 관리비를 제하면 순 월세로 180만 원의 현금흐름이 발생한 것이죠.

다가구 투자를 통해 취·등록세와 도배, LED 전등 교체 등의 비용을 빼더라도 1억 6,000만 원 이상의 순수한 투자금이 확보되었습니다. 1억 5,000만 원으로 조정대상지역의 다가구 건물 한 채를 소유하게 되었고 투자금은 2개월 만에 회수하고 월세 350만 원이 생겼다는 것이 중요합니다. 물론 보증금을 더욱 낮춰 월세를 더 올릴 수도 있겠지요.

보증금 합계 3억 3,500만 원에 월세가 350만 원이 나오는 다가구의 부동산 가치는 10억 원에 가깝습니다(수익률 산식을 역으로 계산하면 됩니다). 결과적으로 저는 감정가 8억 3,000만 원짜리 부동산을 6억 원에 매수해서 10억 원짜리로 탈바꿈시킨 것이죠. 명도부터 신규 임차인을 들이기까지의 모든 과정이 단 2개월 만에 이루어졌습니다(일반적인 경매 과정에 비해 빠른 편이라, 실제 투자 시에는 보수적으로 생각해야 합니다).

더 많은 투자금 회수를 원한다면 전세보증금을 높이고 월세를 더 낮추면 됩니다. 하지만 다가구 투자의 핵심은 전세와 월세를 적절히 섞는 것입니다. 월세에 너무 치중하는 것도, 전세금을 과하게 높이는 것도 좋지 않지요. 투자자 입장에서는 투자금을 빨리 회수하여 플피 투자를 하고 싶겠지만, 향후 이자 납입 및 공실 대비를 위한 여유 있는 현금흐름, 즉 월세도 소중하니까요. 때로는 공격적으로, 때로는 보수적으로 해야 하는 것이 투자입니다.

부동산 경매는 한번 배워 놓으면 평생 써먹을 수 있는 투자의 기술입니다. 저는 2013년에 광주광역시 봉선동 아파트 경매를 시작으로 부동산 투자 시장에 뛰어들었습니다. 누누이 말했듯 사회초년생 시절 무리한 투자로 이미 빚 1억 원을 떠안은 상황이었죠. 하지만 부동산 경매는 부동산 상승장이든 하락장이든 시장의 분위기와 상관없이 언제나 시도할 수 있습니다. 오히려 부동산 조정기나 하락기에 더욱더 훌륭한 투자 무기가 되지요. 물론 일반적인 부동산 투자와는 결이 다르기에 이론만으로 덤빌 수는 없습니다. 철저한 공부와 실전 경험이 중요한 영역이죠.

경매 투자가 부동산 투자의 정답이라고 생각하지 않습니다. 저 역시 2017년부터 시작된 최근의 상승장에서는 주로 분양권과 전세레버리지 투자를 해왔습니다. 특히 미분양 분양권이라는 시세차익형 투자를 통해 큰 자산 상승을 경험했지요. 부동산 시장이 대세 상승장이었다는 운도 한몫했습니다.

누군가는 안 된다고 할 때 누군가는 수익을 냅니다. 누군가는 포기하려고 할 때 누군가는 방법을 찾아냅니다. 2021년에도 저는 경매를 통해 부동산을 3건 낙찰(매수)받았습니다. 상가 2건과 노유자시설(교육 및 복지 시설) 4층 통건물 1건입니다. 이로 인해 저의 자산은 더욱 늘었고, 현금흐름 창출을 위한 자산 리밸런싱 역시 꾸준히 진행되고 있습니다.

예상 Q & A

Q : 경매 투자는 어떻게 해야 되나요?

A : 책과 강의 등을 통해 먼저 충분히 공부한 뒤 법원 입찰에 참여해 보길 권합니다. 모든 부동산 투자는 학습과 임장이 필수입니다. 특히 경매는 여러 부동산 투자 방식 중에서도 난도가 높은 편이라 전투력을 갖춰야 합니다.

Q : 대출이 4억 5,000만 원이 있는데 임차인이 전세로 들어오나요?

A : 감정가가 8억 3,000만 원인 물건인 데다, LH나 기타 금융기관에서 생각보다 여유 있게 대출을 해줍니다(해보기 전까지는 이해가 어려울 수 있습니다). 참고로 다가구나 근린주택일 경우 대출 구조와 금액이 다릅니다.

Q : 원룸 관리나 청소는 힘들지 않나요?

A : 힘들이지 않고 돈을 벌 수 있을까요? 그래도 관리나 청소가 힘들다면 관리 및 청소 전담 업체에 월 10만~20만 원을 주고 레버리지할 수 있습니다. 청소 및 임대차 계약과 간단한 민원까지 모두 해결해 주지요. 거리가 멀지 않다면 직접 관리하는 것도 그리 어렵지 않습니다.

Q : 명의가 있어야 도전할 수 있는 것 아닌가요?

A : 명의 없이도 다주택자가 도전할 수 있지만, 수익금이 줄어드는 건 사실입니다. 명의가 부담되면 신탁제도 등을 활용하면 됩니다.

Q : 법원 경매 입찰을 매번 월차 내고 할 수 있나요?

A : 저도 회사 재직 중에 매번 법원 입찰을 할 수 없어서 법무사 사무실을 통해 대리 입찰했습니다. 일단 문은 두드리면 열리는 법이고, 방법도 찾기 나름입니다(인터넷으로 진행되는 공매 입찰도 가능합니다).

Q : 경매도 결국 돈이 있어야 할 수 있지 않나요?

A : 저의 첫 경매 시 준비된 투자금은 2,000만 원이었습니다. 당연히 어느 정도의 종잣돈이 필요하지만 여타 부동산 종목에 비해 비교적 소액으로 할 수 있고 절대가 자체가 낮기에 안전마진을 확보할 수 있다는 점에서 좋은 투자법입니다.

경제란 석탄을 아끼는 것이 아니라,
그것이 불타는 동안의 시간을 활용하는 것이다.

_랄프 왈도 에머슨, 미국 사상가 겸 시인

06

실패 없는 투자가 더 위험하다

각종 부동산 투자서에는 저자의 성공담이 넘쳐납니다. 하지만 저는 이 책에서 투자 실패담도 소개하고자 합니다. 그것이 지금 막 투자를 시작하려는 이들에게 도움이 되리라 생각하기 때문입니다. 간략하게 저의 부동산 투자 기록을 공개합니다.

앞서 저의 첫 부동산 투자는 경매를 통해서였다고 이야기했습니다. 경매로 낙찰받은 아파트를 경락잔금대출을 받아 매입한 것이지요. 이미 무리한 대출을 일으켜 진행한 주식과 사업 투자로 1억 원 가까이 손해를 본 상황에서 또다시 대출로 부동산을 매수하려니 부담이 컸습니다. 하지만 수익률 계산을 통해 월세

세입자를 구하면서 매월 약 30만 원이 남는 구조를 만들었죠.

2017년부터는 각 지역에 미분양이 난 아파트의 분양권을 매수했습니다. 수도권이든 지방 광역시이든 자금 여력이 되고 나름의 기준에 부합하는 곳이라면 일단 매수했습니다. 비선호 지역 아파트의 분양권을 매수했을 때는 실제 그 지역 거주자들에게 손가락질을 받기도 했습니다. 하지만 투자는 내가 하는 것이며 그에 대한 비용도 내가 감당하고, 그로 인한 수익도 손실도 온전히 내 것이라는 생각에 매일 3시간씩 공부하면서 투자했습니다. 그렇게 하다 보니, 투자 고수들이 추천하는 물건이라도 그것의 수익성을 판별할 수 있는 안목이 생기더군요.

그다음 도전한 것은 지어진 지 30년이 다 된 구축 아파트, 그것도 전혀 수리가 되지 않은 아파트였는데, 이를 갭투자로 매수했습니다. 아파트를 매수한 뒤 올 수리하고 좀 더 높은 가격에 전세 세입자를 구하니 플피 투자가 가능했습니다. 신축 분양권 위주로 투자하다가 오래된 아파트를 매수하려니 덜컥 겁이 났습니다. '오래된 아파트라 하자도 많을 텐데', '임차인이 이것저것 요구하면 어떡하지?' '연식이 오래될수록 비선호 상품일 텐데' 등, 두려움이 앞서다 보니 단점만 보이고 투자는 망설여졌습니다. 하지만 부동산 입지를 공부하고 미래 수요 예측을 바탕으로 분석하면서 일단 장기적 관점에서 투자하면 되겠다는 확신을 얻게 되어 편한 마음으로 매수했습니다. 당시만 해도 리모델이나 재건축 이슈가 전혀 없을 때였는데, 이제는 어느덧 시간이 흘러서 관련 소식이 들려옵니다. 또 그사이 구축 아파트들의 매매가도 2~3배가량 올랐습니다. 갭투자로 마련한 뒤 세입자를 바로 구했기에 무피, 플피 투자가 가능했고 따라서 수익률도 무한대입니다.

2021년에는 일명 '썩빌(오래되어 재개발이 시급한 썩은 빌라의 줄임말)'도 매수했습니다. 서울과 수도권에 있는 물건임에도 주변에서는 "썩빌 가격이 오르면 얼마나 오르겠어?", "썩아도 아니고 굳이 썩빌을 산다고?", "빌라 투자는 여차하면 20년 묶일 수도 있는데…" 하면서 부정적인 이야기를 쏟아 냈습니다. 하지만 그 모든 말을 뒤로하고 썩빌을 매수한 이유는 간단했습니다. 서울의 아파트 가격이 엄청나게 상승할 동안 빌라는 너무 오르지 않았기 때문입니다. '땅'이라는 영속성에 기반한 부동산인데, 그중 한 상품의 가격이 급등했음에도 다른 상품의 가격은 거의 오르지 않았던 겁니다. 아파트의 경우 지역별 갭 벌리기와 갭 메우기가 있다면, 주택형 상품별로도 갭 메우기가 가능할 거라는 생각이 들었습니다. 다행히 매수한 썩빌의 임차인이 갑자기 나가면서 전세금을 2,000만 원 올려서 신규 세입자를 구할 수 있었고, 이 투자도 플피 투자로 전환되었습니다.

언뜻 소개한 투자들이 모두 성공한 것처럼 보일 수 있지만, 그렇지 않습니다. 2019년에는 수도권 남부지역에 들이닥친 역전세로 세입자에게 2,000만 원을 돌려주기도 했고, 미분양이 난 아파트의 분양권을 매수했다가 전세 세입자를 구하지 못하는 바람에 중도금을 상환하지 못한 적도 있습니다. 결국 은행이 고려신용정보로 채권을 넘겨버려서 그들과 채권 회수 과정에서 격하게 싸운 적도 있지요. 또 무리하게 분양권을 매수했다가 잔금 납부가 쉽지 않을 것 같아 중도금대출 직전에 계약금을 날리고 시행사 측과 합의해 해지 처리를 한 적도 있습니다.

이러한 실패의 원인은 모두 저에게 있습니다. 예측 실패나 계산 착오 혹은 지나친 욕심 때문이었습니다. 하지만 이러한 실패 덕분에 저의 투자 인생은 더욱 단단해졌습니다. 사회초년생 시절 주식과 사업에 투자했다가 재산을 모두 날리고 빚을 떠안은 경험이 오히려 부동산 투자를 공부하고 시작한 계기가 된 것처럼 말입니다.

투자는 한 번 하고 끝내는 것이 아닙니다. 시장도 변하고 정책도 변하고 시스템도 변하고 모든 것이 계속 변하기에 투자자는 늘 시장을 주시하면서 투자 능력을 키워가야 합니다. 투자는 말 그대로 '리스크가 있는 곳에 나의 돈을 던져 놓는 것'입니다. 100% 안전한 것은 투자가 아닙니다. '확실하게 ○○원이 보장된다'와 같은 말은 흔한 투자 광고 문구에 불과합니다. 세상에 그런 투자는 없습니다. 모든 투자자는 각자의 리스크를 어깨에 짊어지고 삽니다. 어쩌면 지금 전세나 월세로 거주하고 있는 사람은 아무런 리스크도 짊어지지 않았다고 생각할지 모르겠습니다. 하지만 틀렸습니다. 장기적으로 볼 때 전세나 월세라는 점유 포지션은 부동산 가격 하락에 베팅한 것과 마찬가지입니다. 매매 대신 전세나 월세를 택한 것이 향후 어떤 부메랑이 되어 돌아올지도 생각해 봐야 합니다.

부동산 가격이 너무 올라서 투자할 곳이 없어 보이는 지금이, 누군가에게는 기회가 될 수도 있습니다. 물론 부동산뿐 아니라 주식에도, 가상화폐에도, 사업에도 기회는 있습니다.

돈벌이를 잘하는 사람은 무일푼이 된다 해도 자기 자신이라는 재산이 남는다.

_알랭, 프랑스의 철학자

07

투자는 전국을 대상으로 할 것

투자, 그것도 부동산 투자는 자신이 잘 아는 지역에서 해야 한다고 말하는 사람들이 있습니다. 어느 정도 맞는 말입니다. 하지만 시작은 그렇게 하더라도 저는 점차 전국으로 투자 영역을 넓혀가야 한다고 생각합니다.

전국의 부동산을 대상으로 다양한 방식으로 투자하는 것이야말로 투자 안목을 키우고 시야도 넓히는 지름길이기 때문이죠. 여행만 가도 그렇게나 얻는 게 많은데, 전국을 대상으로 임장을 하면 어떻겠습니까? 다양한 지역의 중개인들을 만나서 지역 시장 분위기를 파악할 수 있고, 새로운 인사이트와 모멘텀까지 발견할 수 있습니다. 각 지역 중개인들의 영업 노하우까지 배울 수 있는 건 덤입니다. 특히 지도를 통해 그 지역을 아는 것과 직접 그곳에 가본 뒤 아는 것의 차이는 비교할 수 없을 정도입니다. 실제로 임장 갔던 지역은 머릿속에 오랫동안 저장되기도 하고요.

얼마 전, 저는 충남 아산에 있는 지중해 마을을 당일치기로 여행했습니다. 지중해 마을에서 식사하고 주변을 잠깐 차로 돌았는데, 그 지역의 분위기와 대략적인 아파트 세대수 같은 정보가 여행의 기쁨이 사그라든 후에도 꽤 오래 기억에 남았습니다. 아산이나 탕정 같은 단어가 괜히 친숙해지고 이 지역에 관한 이야기가 나오면 아는 척하고 싶어지더군요. 이처럼 투자자는 여행을 통해서도 임장을 할 수 있습니다.

전국 투자야말로 확실한 대응책

2017년부터 쏟아져 나온 수많은 부동산 관련 대책과 규제들로 투자를 멈추셨습니까? 아직도 방법을 찾지 못하셨나요? 규제와 세금이 무서워서 아무것도 하지 않고 있나요? 진짜 투자자는 규제에 대응해 움직입니다.

2020년 정부가 다주택자의 부동산 투자를 원천 차단할 목적으로 내놓은 7.10대책 후부터 투자자들은 공시지가 1억 원 미만의 취·등록세 중과 제외상품을 공략했습니다. 강력한 규제에 대응하고자 공시지가 1억 원 미만, 재개발, 건설임대 부동산 등으로 투자의 방향을 바꾼 것이죠. 7.10대책이 나오기 전에도 수도권과 지방광역시 등 투기, 투기과열, 조정지역 등의 규제가 나오면 투자자들은 비규제 대상인 광역시와 지방 중소도시로 진입해 투자했고 성과를 거뒀습니다. 규제에 좌절하기보다 규제에 대응하는 것이 진짜 투자자입니다.

사실 부동산 투자를 전국을 대상으로 하라는 데는 이유가 있습니다. 첫째, 부동산의 갭메우기와 순환매장, 낙수효과(유동성) 때문입니다. 2021년 상반기에 부동산 매매가가 크게 오른 지역 중 대표적인 곳은 일산(고양)과 인천입니다. 이들 지역의 부동산 가격이 오른 이유를 딱 한 가지만 꼽으라면, 저는 '갭메우기'를 이야기하겠습니다. 경제학 용어 중 낙수효과라는 것이 있는데, 샴페인 잔을 아래서부터 둥근 형태로 100잔, 그 위에 50잔, 그 위에 30잔, 그 위에 10잔, 5잔, 1잔을 케이크처럼 차곡차곡 쌓아 올렸다고 합시다. 그중 맨 위에 놓인 잔에 샴페인을 따르기 시작한다면 맨 위의 잔이 넘친 후에는 아래 5잔, 10잔… 100잔까지 샴페인이 채워지겠죠. 부동산 투자도 마찬가지입니다.

강남의 아파트 가격이 오르면 뒤를 이어 서초, 송파 아파트의 가격이 오르고 그다음에 마포, 용산, 성동구, 광진구의 아파트 가격이 오릅니다. 또 판교가 오르면 분당이 오르고, 분당이 오르면 수지가 오르고, 그다음에 죽전, 기흥이 오르죠. 이런 아파트 상승 분위기는 지방으로 이어져 대장 격인 부산 해운대가 오르고 대구 수성구가 오르고 대전이 오르고 세종이 오르고 천안, 아산, 청주가 오르고, 오송, 공주가 들썩입니다. 부동산 상품으로 보면 아파트가 오른 뒤엔 아파텔이 오르고, 그다음 빌라가 오르죠. 이렇게 부동산은 지역별, 상품별 갭메우기가 완성됩니다.

물론 지역별로 수급에 따라 가격이 올라가지 않는 예외 상황도 있습니다. 대표적으로 문재인 정권 출범 이후 4년간의 통계를 보면, 충북과 경남 지역의 부동산 상승률은 오히려 마이너스였죠(통계에도 착시가 있는데, 해당 지역에도 부동산 가격이 2배 이상 오른 곳도 많긴 합니다).

이러한 이유로 투자자는 돈이 흘러갈 곳을 예상해서 선진입해야 합니다. 유동성은 물과 같아서 위에서 아래로 흐르니까요.

시간과 경험이 쌓여야 한다

강남 아파트, 즉 최상급지의 투자처엔 한 번에 못 갑니다.

사람들은 말하죠. “부동산은 강남이지.” “빌라를 왜 사? 투자는 아파트에 해야지!” “오피스텔에 투자했다간 큰일 나.” 그런데 누가 이런 걸 모르나요? 강남 아파트, 서울의 아파트가 싫을 이유가 있겠어요? 자금이나 명의, 세금 등 지금 당장 살 여력이 안 된다는 게 문제입니다. 이럴 때는 돌아가야 합니다. 길을 가다가 ‘공사 중’ 표지가 있으면 다소 시간은 걸리더라도 우회로를 택해야 안전합니다. 그냥 빨리 가는 게 더 좋다는 생각에 공사장을 지나치다가는 진짜 큰일 날 수 있습니다. 투자도 마찬가지죠!

2017년 무렵에는 강남의 메이저 아파트라도 2억~3억 원만 있으면 갭투자가 가능했습니다(1억 원으로 가능한 곳도 있었죠). 하지만 당시 저에게는 그 돈이 없었기에 투자하지 못했습니다. 최상의 급지, 바로 강남의 아파트를 단번에 매수할 수 없으니, 투자하지 말아야 했을까요? 아무것도 안 하는 게 맞았을까요? 실제로 당장 투자할 돈이 없다는 핑계로 공부도 하지 않는 사람이 많지요.

하지만 투자의 기회는 돌아옵니다. 지금은 안 돼도, 준비하면 그때는 잡을 수 있습니다. 지금부터 꾸준히 투자 공부를 하면서, 수도권이나 비규제지역 등에서 투자 경험을 쌓아야 합니다. 그런 경험이 모이고 투자 기술이 쌓이면서 시장을 보는 안목이 올라가면, 강남의 아파트를 매수할 힘이 생깁니다. 황금알을 낳는 거위를 사려면 거위를 여러 마리 키워 많은 양의 알을 낳게 해야 한다는 말이죠.

실제로 불과 2, 3년 전까지만 해도 전국에 '부동산 줍줍(미계약 물량을 줍는다는 뜻) 현장'이 선착순 또는 랜덤 형태로 운영됐습니다. '지방 부동산이 얼마나 오르겠어?', '거기는 2, 3급지인데 무리해서 살 필요 있나?' 하면서 시도조차 하지 않으면 안 됩니다. 종목이나 상품, 지역 등 수많은 편견을 뒤로하고, 철저히 투자할 만한 상품 가치가 있는지를 판단해 신속히 움직이는 사람이 진짜 투자자입니다. 투자는 언제나 '기간 대비 수익률'로 접근해야 합니다.

포트폴리오 분산 효과

강남 아파트, 서울 아파트 모두 좋습니다. 부산 해운대와 대구 수성구 등 상급지의 아파트만이 가진 메리트는 모든 투자자가 알고 부러워하는 것들이죠. 그런데 2009~2013년 사이 가격이 가장 많이 하락한 아파트 또한 강남 아파트란 걸 알고 있나요? 투자자가 부동산 하락기를 버텨내는 데는 오히려 상승기에 많이 오르지 않은 애물단지들이 전세가 방어로 힘이 될 수 있습니다.

예를 들어, 여러분이 전국 곳곳에 부동산 포트폴리오를 형성했다고 합시다. 어쩌다 서울에서 역전세가 발생해 2억 원을 세입자에게 내줘야 한다 해도 인천 송도나 울산 등의 부동산에서 전세보증금을 올려받거나 비규제지역에서 최소한의 세금을 내며 매도함으로써 투자금을 회수할 수 있다는 말입니다.

또한 보유 중인 부동산 물건의 가격이 한 번에 상승하는 것보다는 시차를 두고 상승하는 것이 투자자에게 포트폴리오를 관리할 여유와 시간을 주기에 긍정적입니다. 같은 이유로 부동산 하락장일 때 모든 물건이 동시에 하락하지 않기에 자연스러운 리스크 헤지가 가능하고요. 모두가 알고 있는 '달걀을 한 바구니에 담지 말라'라는 투자의 격언도 기억해야 합니다.

투자할 곳은 언제나 있다

지방 부동산에 투자할 때 갭메우기(순환매)와 더불어 유의해야 할 것은, 공급 물량입니다. 2010년대 중반 이후 대한민국 수도권 부동산은 대세 상승장이었지만, 2019년 용인과 동탄 등의 경기도 남부권의 경우 대규모 입주 물량으로 인한 역전세로 홍역을 치렀습니다.

2021년 가을부터 2022년 초까지, 물량이 과다인 지역에서는 전세 매물이 잘 나가지 않아서 고생한 투자자들도 꽤 많습니다. 아무리 상승장이라고 해도 각 지역별 수급을 제대로 파악하지 않고 투자하면 갭메우기 이전까지 수급이 꼬여서 역전세나 입주 기간 내 등기가 어려운 상황에 직면할 수 있습니다. 물론 이 같은 수급 불균형을 잘만 활용하면, 아주 적은 금액으로 갭투자나 미분양 분양권을 매입해 2년 후엔 투자금을 회수하고 플러스 프리미엄까지 거둘 수도 있죠. 위기 속에는 기회도 숨어 있는 법이니까요.

사실 2010~2018년 부동산 가격 상승률은 서울이나 수도권보다 오히려 일부 광역시가 월등히 높습니다. 대구나 대전의 부동산 가격이 얼마나 오랫동안 상승하고 있는지 한번 찾아보세요. 심지어 예전엔 이들 모두 비규제지역이었습니다.

무엇보다 소액으로 투자가 가능한 타이밍과 지역은 그때그때 다릅니다. 저는 2018년에 단돈 2,000만 원으로 경기도 용인의 아파트를 매수했습니다. 이 아파트는 다음과 같은 시세 변화를 겪었습니다.

연도	매매가	전세가
2017년	4억 2,000만 원	4억 원
2019년	5억 8,000만 원	4억 5,000만 원
2022년	8억 5,000만 원	5억 4,000만 원

하지만 저는 2019년에 양도세 중과 문제로 불가피하게 이 아파트를 매도해야 했습니다. 단순 양도차액은 1억 6,000만 원이었는데 세금을 내고 나니 1억 3,000만 원을 쥘 수 있었죠. 그런데 이 아파트의 가격은 2022년 현시점 8억 5,000만 원이 되었습니다. 자, 그렇다면 이 아파트가 1년 안에 다시 9억 원이 되고 전세가도 같이 올라서 그 갭이 2,000만 원이 되었다면, 어떻게 해야 할까요? 사야 할까요? 아니면 너무 올랐으니 포기해야 할까요? 정답은 당연히 사야 한다는 겁니다. 사실 현시점 이 물건의 매매가와 전세가 갭은 3억 원가량입니다. 4년 만에 동일 물건에 대한 투자금액이 2,000만 원에서 3억 원으로 15배가 오른

겁니다.

현재 가진 돈이 2,000만 원뿐이면 그 돈으로 시도할 수 있는 투자 상품과 지역을 찾으면 됩니다. 지갑에 10만 원밖에 없는데 백화점 명품매장에 들어갈 필요는 없습니다. 돈이 모이면 그때 사면 되죠. 전국을 투자 대상으로 삼으면 소액으로 얼마든지 투자할 수 있습니다. 소액 분산 투자! 지금 늦었다고 영영 투자 기회가 없는 건 아닙니다.

성공하는 사람들은 모든 곳에서
기회를 발견하지만,
대부분의 사람들은 모든 곳에서
문제만 발견한다.

_마이클 거버, 경영학자이자 마이클 거버 컴퍼니의 창립자

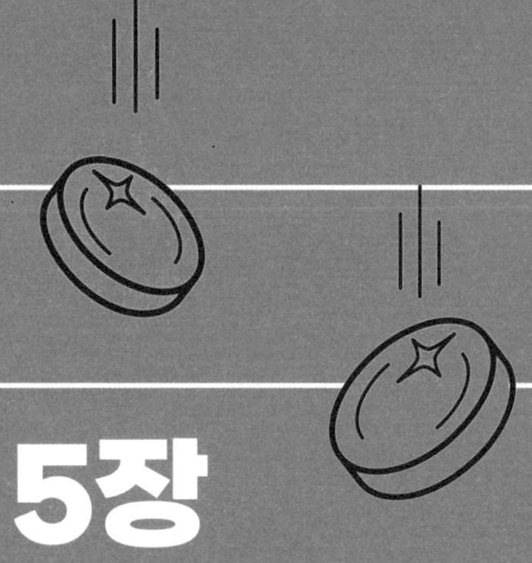

5장

월 수익 창출을 위한 무인 사업

01

부동산 투자 일변도에서 사업 투자로

2012년 첫 부동산 투자를 시작으로 2020년까지 저는 약 8년간 한 길만 달려왔습니다. 사실상 대부분은 전형적인 시세차익형 투자였기에 시간이 갈수록 복리 효과로 자산이 불어났죠. 본래 2025년까지 순자산 10억 원 달성을 목표로 했는데, 자산은 물론 순자산이 증가하는 속도도 생각보다 훨씬 빨랐습니다. 엄청난 인플레이션과 규제 일변도의 부동산 정책이 빚어낸 결과일지도 모르겠습니다.

2020년 초반이었던 것 같습니다. 저처럼 시세차익형 투자를 해온 지인과 만나서 이런저런 이야기를 나누다가 제가 이런 질문을 던졌죠. "대체 우리는 언제쯤 월세 500만 원씩을 받게 될까요? 아니 현금흐름 월 1,000만 원은 언제 가능한 거죠? 임대수익형 투자로는 언제 전환하죠? 꼬마빌딩은 살 수 있을까요?" 지인과 저는 이런 의문에 대한 질문과 답을 서로 주거니 받거니 했지만, "때가 되면 넘어가게 되겠죠. 차익형에서 수익형으로 조금씩 옮겨가야 하는 거 아닐까요, 전세상승분으로 차익형 물건의 보유세를 내면서 수익형 재투자 해야죠." 같은 이야기로 대화를 마무리 지었던 것 같습니다.

반퇴족은 물론 파이어족에게 가장 필요한 것은 '현금흐름'입니다. 월급쟁이에게도 월급 외 추가 소득이 있다면 굉장히 좋겠죠. 제가 무인 사업에 관심을 갖게 된 것도 이 때문입니다.

사업의 장점과 투자와의 공통점

저는 사업 또한 투자라고 생각합니다. 투자 포인트와 접근성, (기대)수익률 등 저는 사업도 투자를 시작했을 때처럼 공부하고 진행했습니다. 투자와 사업은 다른 듯 비슷하고 사실 한쪽을 제대로 하게 되면 다른 쪽에도 좋은 영향을 미칠 수 있습니다. 그럼 투자자가 사업을 통해 기대할 수 있는 장점에 대해 알아봅시다.

첫째, 사업을 통해 주인의식을 기를 수 있습니다. 사실 이 같은 '오너십ownership'은 회사에서도 필요합니다. 많은 기업이 직원에게 기대하는 가치 중 하나지요. 또 '구멍가게라도 사업을 해라', '작은 사업이라도 사장이 돼라'와 같은 말을 들어본 적이 있을 겁니다. 직원일 때와 경영자일 때, 가치관이나 태도, 생각, 마인드는 완전히 다를 수 있습니다. 사장의 마인드로 꾸준히 일한 직원이 인정받고 승승장구하는 것도 이 때문일 겁니다.

둘째, 사업으로 현금흐름을 창출할 수 있습니다. 전형적인 시세차익형 투자를 해온 투자자가 현금흐름을 창출하는 방법은 기존 차익형 물건(전세)을 수익형 물건(월세)으로 돌리는 겁니다. 전세가 갱신될 때마다 반전세 형태로 월세를 추가하거나, 여유자금을 더해 전세를 월세로 전환시키는 것이죠. 다만 요즘처럼 종합부동산세 같은 중복 세제가 활개치는 상황에서는 투자 형태를 바꿔서 수익형 물건을 통해 사업소득을 추가하는 것도 방법입니다. 물론 사업이 잘 돼야 기존 투자금 대비 현금흐름도 원활하게 창출할 수 있습니다. 사업의 영역에서 월 1,000만 원 이상을 남기는 자영업자 비율이 전국에서 5~10% 내외로 추산되긴 하지만, 실패가 두려워서 아무것도 시도하지 않으면 평생 누군가의 밑에서 일하는 월급쟁이로 살 수 밖에 없겠죠.

셋째, 사업을 하다 보면 임대수익형 부동산 물건을 보는 안목이 생깁니다. 시세차익형 투자 중 대표적인 건 아파트 투자죠. 아파트에 투자할 때는 인구, 학군, 역세권, 직주근접, 대단지, 브랜드 등 몇 가지 데이터를 토대로 물건들을 비교하면서 괜찮은 투자처를 찾습니다. 하지만 부동산 투자에서도 가장 어려운 투자 중 하나가 임대수익형 상가 투자일 겁니다. 그래서 시세차익형 투자만 해온 이들에게 상가 투자는 두려움의 대상이자 동시에 꼭 넘어야 할 산 같은 것이기도 합니다. 다만 현장에서 직접 사업을 해본 사람들에겐 남다른 안목이 있습니다. 어떤 업종이 영업이 잘 되고, 어떤 자리에 손님이 끊이질 않는지, 객단가는 얼마인지, 매매-임대료는 얼마가 적당한지 등 현장에서 체감하며 얻은 것들이죠. 물론 본인이 직접 사업에 개입하지 않더라도 관심을 갖고 임대수익형 물건에 관심을 갖는다면 상가를 보는 눈도 한 단계 업그레이드될 것입니다. 저는 2021년 한해 수익형 물건을 3건 매수했는데, 사업을 한 경험이 투자를 결정할 때 큰 도움이 됐습니다. 특히 경매 투자에서 수익형 상가와 사업은 떼려야 뗄 수 없는 관계입니다. 그래서 지금 저의 투자 방향도 사업에 일정 부분 포커스가 맞춰져 있습니다.

투자와 다른 사업만의 매력

사업은 부동산 투자에서는 느낄 수 없는 특별한 매력을 가지고 있습니다. 요즘 스마트 스토어로 대변되는 온라인 사업이 엄청난 성장세를 보이고 있긴 하지만, 여기서는 오프라인 사업만의 매력을 이야기하고자 합니다.

먼저, 사업은 출근할 수 있고 머무를 수 있는 장소를 제공합니다. 저는 반퇴족이 된 이후에 줄곧 집에서 시간을 보냈습니다. 처음에는 가족들과 3, 4일씩 여행도 다니고 평소 하지 못하던 취미생활도 할 수 있어 장기 휴가를 받은 느낌에 너무 행복하고 좋았죠. 그런데 이런 생활이 2개월 넘게 이어지다 보니 알 수 없이 답답해졌습니다. 때때로 지인들도 만나고 외출해서 산책도 하고 가볍게 운동도 하고 또 틈틈이 임장도 나갔지만, 막상 집을 나오면 '나만의 공간'이 없었습니다. 물론 집에는 서재가 있어 개인 공간을 확보할 수 있었지만, 그래 봐야 집이었죠. 그때쯤 나만의 공간을 갖고 싶다는 생각이 커졌는데 마침 운 좋게 스터디카페 매물을 접하게 되었죠. 이 스터디카페는 본래 독서실로 운영되던 곳이라 여러 사람이 사용하는 스터디룸 외에 조그마한 사무실(컴퓨터 데스크 1, 상담용 데스크 1, 손님 접대용 의자 2, 프린터기, 옷장 등이 구비된)이 한쪽에 있었습니다. 이 같은 사무실 활용도가 매력적이어서 더욱 마음이 끌렸죠.

저는 아침마다 아이들을 유치원에 등원시킨 뒤 자연스럽게 이 사무실로 출근합니다. 때로는 점심을 먹고 사무실에 나갈 때도 있고 저녁 늦게까지 사무실에 있을 때도 있죠. 주말에도 여건이 되면 기분 좋게 사무실로 출근합니다. 외부에 개인 공간이 있다는 건 심리적으로도 꽤 유익한 것 같습니다. 여기서 꼭 글을 쓰거나 투자 공부만 하는 것은 아닙니다. 때론 아무 생각 없이 음악을 듣기도 하고 재미있는 영상을 보기도 합니다. 이 공간이 제게는 안식처인 셈이죠.

사업의 두 번째 매력은 고객과 소통할 수 있는 최접점이 된다는 것입니다. 스터디카페와 무인 편의점은 사람이 상주할 필요 없는 말 그대로 '무인'이 기본인 시스템이죠. 저는 무인 편의점에서 하루에 30분 정도만 머뭅니다. 간단한 청소와 정비를 하기 위해서죠. 그때 방문하는 아이들의 활기찬 인사와 투정도 가끔 받으면서 잠깐 이야기를 주고받기도 하죠. 어린 시절 꿈꾸었던 문방구 사장이 된 느낌도 듭니다. 또 대부분의 무인 스터디카페엔 운영자가 없지만, 앞서 말했듯 저는 안쪽 사무실에 종종 머뭅니다. 수능, 공무원시험, 대학편입, 임용고시 등을 준비하며 오랜 기간 공부하는 사람들과 한 공간을 나누다 보니 특별한 기분이 들기도 합니다. 사람들과 저는 가볍게 목례를 주고받지만 자주 보이는 분들과 관계가 형성될 때도 있습니다. 진심으로 그분들이 모두 자신의 꿈을 이루길 바라는 마음입니다.

사업의 세 번째 매력은 월세와는 또 다른 일매출의 짜릿함을 선사해 준다는 것입니다. 월세 부동산은 보통 한 달에 한 번 월세를 가져다줍니다. 하지만 사업장은 수시로 매출이 발생합니다. 무인 편의점의 경우 많을 때는 일매출이 40만 원까지 나오기도 하고 폭우가 쏟아지거나 눈보라가 몰아칠 때면 일매출이 10만 원도 채 안 나올 때도 있습니다. 스터디카페 역시 장기 결제가 몰리는 날에는 한 번에 100만 원이 넘는 일매출이 나올 때도 있고, 시간권 사용자만 결제하는 날엔 2,000~3,000원 매출만 나오기도 합니다. 아무래도 일매출이 좋을 때는 기분이 좋고,

부진할 때는 어떻게 하면 매출을 증대시킬 수 있을지 고민되기도 하죠. 무엇이 문제인지 고민하다가 원인을 발견하면 방안도 마련하고, 새로운 마케팅도 고안합니다. 작은 사업이긴 합니다만, 이러한 과정이 재미있고 보람을 느낄 때도 많지요.

사업의 네 번째 매력은 월급쟁이에서 사업자로 한 단계 성장시켜준다는 점입니다. 아무리 회사에서 일을 잘하고 사내에서 인정받는 직장인이었다 해도, 직접 사업을 하게 되면 많은 것이 바뀝니다. 이제는 모든 것을 본인이 직접 해내야 합니다. 대기업이라면 사무실 임차부터 운영비까지 제공해 주는 곳이 많지만, 규모가 작다면 A부터 Z까지 모든 것을 직접 준비해야 합니다. 하다못해 업장에 놔둘 쓰레기통 하나도 내가 골라야 합니다. 인터넷 신청부터 카드 단말기 디자인 시안 업체 섭외까지 준비해야 할 것이 수십 가지입니다. 얼마 전까지도 회사에 속해 있었는데 이제 직장인의 옷을 벗고 진짜 사회에 내던져졌구나 하는 생각도 듭니다. 사업을 세팅하는 일련의 과정을 거치면 그 자체로 한 단계 발전합니다. 두려운 마음이 조금씩 걷히고 새로운 거래처와 새로운 인맥이 형성되기도 합니다.

사업을 시작하며 저는 이렇게 또 한 단계 성장했습니다. 부동산 투자처럼 성공할 수 있을지 걱정했던 것도 사실입니다. 하지만 언제까지나 시세차익형 투자만 할 수 없겠다는 결론에 이르렀습니다. 때가 되면 임대수익형 상품으로 포트폴리오를 서서히 바꾸고 동시에 또 다른 현금흐름 창출을 위해 사업을 해야겠다고 막연히 생각했습니다. 그런데 생각보다 빠르게 2021년 상반기에 두 가지 무인 사업을 시작하게 됐습니다. 결과 역시 유튜브 '싱글파이어'에 출연해서 이야기했듯, 괜찮은 현금흐름이 창출되어 만족하고 있습니다.

이제는 가족의 두 가지 사업을 진행하고자 합니다. 하나는 복지사업, 다른 하나는 요식업입니다. 저는 이 분야는 처음이지만, 사실 제 가족이 두 가지 일을 10년 이상 하고 있습니다. 그들의 경험과 노하우에 저만의 추진력과 인사이트를 곁들일 생각입니다. 그중 요식업은 예전부터 해보고 싶었던 일이라 벌써부터 설렙니다. 〈서민갑부〉, 〈휴먼스토리〉, 〈30대 자영업자 이야기〉를 시청하면서 브레인스토밍을 하고 있죠. 식당에 갈 때마다 임대료와 회전율, 단가와 마진 등을 예측하기도 합니다.

두 사업 모두 가능하면 부동산을 매입해서 진행하려고 합니다. 이런 말을 들어본 적이 있을 겁니다. '맥도날드는 햄버거 사업이 아닌 부동산 사업이다.' 실제로 맥도날드는 부동산을 매입한 뒤 가맹점주에게 이를 임대하는 사업을 비즈니스 모델의 한 축으로 두고 있지요. 부동산을 임대가 아닌 매입해 사업을 하는 경우, 매출은 그저 그랬는데 오히려 나중에 부동산 가격이 올라서 큰돈을 버는 경우도 허다합니다. 기회가 되면 오프라인 사업과 더불어 온라인 사업도 해보고 싶습니다. 참으로 세상은 넓고 할 일은 많은 것 같습니다. 이러니 저는 전형적인 파이어족이 아니라, 반퇴족이지요.

아주 우량한 기업에서 연간 배당이 수억 원씩 나오는 경우가 아니라면, 공적 혹은 사적인 연금만으로 생활을 꾸려가기 어렵습니다. 배당이나 연금이 들어오더라도 줄어든 소득만큼 씀씀이가 줄어들지도 의문입니다. 오히려 나이가 들수록 경제적 여유가 더욱 중요해지죠. 혹여 다른 소득이 있어서 경제적인 여유는 있더라도 할 일이 없는 것 또한 심심한 삶입니다. 갈 곳 없어 오르는 동네 뒷산도 하루 이틀 지나면 지겹지 않을까요? 회사를 떠나기 전 준비하고 공부하면서 도전해 보길 바랍니다. 처음부터 잘하는 사람이 어디 있겠습니까, 하지만 능동적으로 미리 계획하고 실행한다면 안 될 것도 없습니다. 당신의 반퇴 삶을 응원합니다.

"삶은 나를 발견해 나가는 과정이 아니라
나를 창조해 나가는 과정이다."

_조지 버나드 쇼George Bernard Shaw, 영국의 극작가

02

내가 무인 사업을 시작한 이유

무인 사업은 직장생활을 하고 있는 월급쟁이는 물론 은퇴하거나 사업을 하면서 또 다른 현금흐름 창출이 필요한 이들이 가장 먼저 생각할 수 있는 업종입니다. 대표적으로 무인 빨래방, 무인 스터디카페, 무인 편의점이 있지요. 그런데 무인 창업을 가장 많이 고려하는 나이대는 어디일까요? 여성신문에 따르면, 40대라고 합니다. 40대의 65%가 현재의 소득 수준에 불만족하기 때문이랍니다.

우리나라 40대는 대표적인 '낀세대'입니다. 이들의 부모는 대개 60대 이상의 고령층인데 우리나라 베이비부머로 대표되는

60~70대는 전형적으로 노후 준비가 안 되어 있는 세대죠. 부모를 부양하면서 자녀교육과 생활비, 주거비에 많은 돈이 들어가는 나이대가 바로 40대이기에 현재 소득에 불만족하는 건지도 모르겠습니다.

그렇다면 이 시대 왜 무인 업종이 흥행하는지, 대한민국에서 특히 무인 창업 열풍이 거센 이유를 무인 사업만의 장점을 근거로 살펴보고자 합니다.

첫째, 무인 매장은 같은 업종의 유인 매장에 비해 저렴한 가격에 상품이나 서비스를 소비자들에게 제공합니다. 이것이 바로, 무인 사업의 대표적인 장점입니다. 사업장에 방문하는 소비자, 즉 고객이 만족하려면 무엇보다 상품과 서비스가 좋고, 가격이 만족스러워야 합니다. 그런데 무인 사업에서는 이 두 가지가 가능합니다. 무인 매장에는 말 그대로 직원이 없기에 인건비가 소요되지 않으므로 저렴한 가격에 제품이나 서비스를 제공할 수 있습니다. 예를 들어, 전통적인 독서실은 총무나 아르바이트생 같은 관리자가 상주하면서 운영했지만, 무인 스터디카페는 관리자가 없어도 운영이 가능합니다. 무인 편의점이나 무인 빨래방도 고객이 자발적으로 노동력을 제공해 이용하므로 기존 편의점이나 세탁소보다 더욱 저렴한 가격에 제품을 구매하거나 서비스를 이용할 수 있죠. 심지어 아이들의 경우 무인 편의점에서 상품의 바코드를 찍고 현금이나 카드로 값을 계산하는 것 자체에 재미를 느끼는 것 같습니다.

둘째, 노무 리스크가 원초적으로 제거됩니다. 인플레이션 시대에 꾸준히 이어지고 있는 최저임금 상승에 일반 파트타임 일자리마저 사라지고 있는 현실입니다. 이를 두고 최저임금 상승의 역습이라고 하죠. 사실 이들 일자리를 대체하고 있는 것은 키오스크KIOSK, 즉 공공장소에 설치된 무인 정보 단말기입니다. 사실 사업자 입장에서 키오스크만의 장점을 꼽자면 한두 가지가 아닙니다.

키오스크는 365일 24시간 근무할 수 있습니다.
키오스크는 인간보다 실수할 확률이 낮습니다.
키오스크는 코로나19를 전파하지 않습니다.
키오스크는 업무에 늦을 일이 없습니다.
키오스크는 급여를 인상해 줄 필요가 없습니다.
키오스크는 담배도 피우지 않고 화장실도 가지 않습니다.
키오스크는 고용노동부에 사장을 신고할 일이 없습니다.
키오스크는 가격만 지급하면 지속해서 렌탈할 수 있고, 영구 소유할 수도 있습니다.

셋째, 무인 사업은 최소 투자금과 최저 리스크로 누구나 쉽게 시작할 수 있습니다. 대다수의 사람이 창업을 하려고 할 때 가장 먼저 고려하는 건, 가용 창업자금입니다. 투자자 역시 자신이 투여할 수 있는 투자금이 얼마인지 확인한 뒤 이에 맞춰 투자처를 물색하지요. 아이템에 따라 다르긴 하지만, 일반적인 무인 사업의 경우 임대 보증금을 빼고 대략 1억 원 이하로 창업이 가능합니다. 심지어 무인 편의점(아이스크림)은 대부분 3,000만 원정도의 소자본으로 창업이 가능하기에, 적은 돈을 들이는 만큼 혹여 망한다고 해도 크게 잃을 것이 없다는 생각으로 뛰어드는 이도 많습니다.

넷째, 무인 사업이 통하는 인프라는 대한민국이 세계 최고입니다. 우리나라는 자타공인 IT 강국으로 세계 최고의 인프라를 갖추고 있습니다. 외국에 나갔다가 확연히 느린 인터넷 속도에 속 터질 뻔한 경험이 있을 겁니다. 이러한 인프라가 무인 사업에서 중요한 건, 키오스크나 CCTV 등이 모두 인터넷 기반이기 때문입니다. 따라서 인터넷 속도나 효율이 떨어지는 곳에서는 무인 사업을 영위하기 어려운데, 현시점 대한민국에서 이런 IT 인프라가 떨어지는 곳은 찾기가 어려울 정도입니다. 사업장 점주 입장에서도 국내 어디에 있든 사업장을 관리할 수 있으니 '디지털 노마드'의 삶이 가능합니다.

다섯째, 우리나라는 선진 시민이 만들어가는 무인 이용체계를 갖추고 있습니다. 선진국이란 무엇일까요? 저는 선진 시민이 많은 나라라고 생각합니다. 외국인들이 우리나라의 카페나 식당을 이용하면서 가장 놀라는 것이 하나 있습니다. 잠시 자리를 비워야 할 때 사람들이 아무렇지 않게 테이블 위에 휴대폰이나 노트북 등 소지품을 두고 다닌다는 것입니다. 외국에서는 테이블 위에 소지품을 두고 자리를 비우는 건 상상조차 할 수 없는 일이기 때문이죠. 저도 수년 전 스페인을 여행하면서 잠시 테이블 위에 둔 카메라를 도난당할 뻔했습니다. 심지어 제가 자리에 있었는데도 절도범들의 손기술이 보통이 아니었죠. 물론 이 같은 우리나라 사람들의 정직하고 양심적인 선진 의식에는 365일 24시간 쉬지 않고 돌아가는 CCTV도 분명 한몫할 겁니다. 하지만 이 덕분에 누군가가 상주하지 않아도 큰 문제 없이 사업 운영이 가능합니다.

여섯째, 무인 창업은 진입장벽이 낮습니다. 말 그대로 창업하기에 가장 쉬운 업종이라고 할 수 있습니다. 투자금도 적게 들고, 대단한 기술이나 노하우가 없어도 매장을 운영할 수 있습니다. 무인 편의점, 무인 스터디카페, 무인 빨래방, 무인 과일가게, 무인 디저트가게 등 다양한 아이템에 모두 적용되는 공통점입니다. 다만 대단한 노하우 없이도 진입하고 운영할 수는 있지만, 업종에 대한 이해도와 서비스 마인드, 마케팅 활용력에 따라 매출 차이는 벌어질 수 있습니다.

일곱째, 근로시간이 자유롭고, 업무에 투여되는 시간이 짧습니다. 무인 시스템이기에 매장 관리를 위해 사람이 상주해야 할 필요는 없습니다. 하루에 1회 또는 이틀에 1회 정도만 방문해서 최소한의 관리만 해도 운영이 가능하죠. 무엇보다 특별히 정해진 시간이 아니라, 점주 본인이 원하는 시간대에 매장에 방문해서 청소와 정리 등을 하면 됩니다. 직장인들도 창업이 가능한 이유가 바로 이 때문입니다.

여덟째, 새로운 아이템과 접목이 가능해 발전 가능성이 무한합니다. 다양한 아이템이 계속해서 등장하고 있고 편의점 또한 무인 편의점으로 전환되는 시대인 것 같습니다. 기존 편의점이 무인으로 바뀌거나 무인 시스템을 접목하고 있습니다. 시골의 동네 마트나 구멍가게들이 수년 전부터 프랜차이즈 편의점으로 전환된 것처럼, 앞으로는 기존 편의점들이 무인 편의점으로 탈바꿈화될 것 같습니다. 단순히 같은 업종이 시스템만 무인으로 바뀌는 곳도 있지만, 전혀 새로운 아이템을 무인과 접목시켜서 새로운 사업으로 변환되는 곳도 많습니다. 저 역시 저의 경매 투자 파트너이자 여러 무인 매장을 운영 중인 마스터슈퍼바이저님과 함께 새로운 업종의 무인 접목에 관한 아이디어를 종종 나누기도 합니다.

무인 전성시대입니다. 무인 카페, 무인 스터디카페, 무인 과일가게, 무인 아이스크림, 무인 빨래방, 무인 밀키트(meal kit, 간편조리 세트) 등 이제 '무인'이란 테마에 어떤 아이템을 접목시키느냐의 싸움이 된 것 같습니다. 대형 프랜차이즈 회사들도 이미 곳곳에 키오스크를 도입했으며, 이용객들도 키오스크로 주문하고 상품이나 서비스를 받는 데에 큰 불편을 느끼지 않을 정도로 익숙해졌습니다. 무인과 키오스크는 그야말로 대세 오브 대세인 것 같습니다.

물론 무인 사업에는 단점도 있습니다. 갑작스러운 키오스크고장, 도난과 파손 등 종종 뉴스에서도 이런 문제가 대두되고 이지요. 그럼에도 이 같은 단점으로 더 큰 장점을 덮을 수는 없을 것 같습니다. 도난과 파손 같은 무인 사업의 단점들도 향후 AI CCTV 같은 인공지능 기술이 더욱 발전해 도입되면 자연스럽게 줄어들 겁니다.

한 번도 실수하지 않은 사람은
한 번도 새로운 것을 시도한 적이 없는 사람이다.

_알베트 아인슈타인, 역사상 가장 위대한 이론물리학자

03

무인 편의점에서 창출한 현금흐름

앞서 소개한 무인 사업만의 여러 장점으로 인해 몇 년 전부터 각종 무인 사업의 춘추 전국시대가 도래했습니다. 팬데믹으로 인한 비대면 시대에 무인 점포는 더욱 각광받는 창업 아이템이 되었는데, 무인 편의점과 무인 밀키트는 지난 2년 사이 직장인의 투잡으로 가장 많은 창업이 이뤄졌다고 합니다. 발 빠르고 능력 있는 이들은 프랜차이즈화에 성공해 기업가로 올라서고 무인 창업 관련 컨설팅을 통해 수입을 얻다 보니, 무인 관련 강의 시장도 제법 성장하는 추세입니다. 흡사 제2의 스마트 스토어를 보는 것 같습니다.

이번 장에서는 제가 무인 아이스크림 가게를 창업하게 된 과정을 이야기해 보고자 합니다. 오랫동안 부동산 투자를 해왔기에 저는 사업 역시 투자적 관점에서 접근했습니다. 소액으로 투자할 수 있으면서도 현금흐름을 창출할 수 있기에 관심을 갖게 되었지요. 그중에서도 무인 편의점(현시점 아이스크림 외에도 다양한 상품을 판매하기에)을 시작하게 된 것은 두 가지 이유에서였습니다. 첫째는 추가적인 현금흐름이 필요한 상황에서 무인 편의점이 투자금이 가장 적게 들어가는 아이템이었기 때문이고, 둘째는 본업이 아니기에 사업에 쏟을 수 있는 시간이 한정되었는데, 무인 편의점은 매장 관리에 많은 시간이 소요되지 않았기 때문이죠. 보통 사업장이 생기면 상품 관리, 매장 관리, 사람 관리에 시간과 에너지를 많이 빼기게 마련인데, 투자 마인드로 볼 때 자칫 주객이 전도되는 일은 벌이지 말아야겠다고 생각했습니다.

사실 코로나19가 발발한 뒤 무인 관련 사업에 관한 관심이 커진 상황이어서 관련 공부도 어느 정도 한 상태였습니다. 기회는 준비된 자에게 오는 법이니까요. 앞서 말했듯, 무인 사업은 진입장벽이 굉장히 낮습니다. 엄청난 노하우 없이 많은 사람이 무작정 뛰어드는 것은 무인 사업 성패의 가장 중요한 요소가 '입지 선정'이기 때문입니다. 다만 많은 사람이 가장 궁금해할 것은 창업 비용이나 실제 매월 순이익, 매장 관리 시간 등일 겁니다. 일반적인 창업자금 견적서는 다음과 같습니다.

무인 편의점 개업 예상 견적서(점주 사정에 따라 조정 가능)

비용 항목		권한	비용(만 원) 최저	평균	최고	비고
기본 비용	간판 및 외부 세팅	선택	40	150	350	간판 개수, 종류, 천갈이에 따라 가감 (본사 시안 원본 제공)
	전기배선 +전기승합 (10k)		60	150	250	매장 상황에 따라 비용 증감 전기 관련 본사 상담 가능 업체 선정 진행 권장
	조명		20	50	90	기본 형광등 밝기가 중요
	실내 인테리어		-	50	200	기본 인테리어 벽 천정 흰색 또는 깔끔하게. 진열장으로 모두 가려짐
	어닝		-	40	70	선택 사항
	냉·난방기		20	150	350	중고 혹은 신제품 설치 필요에 따라 중고업체 소개
	소계		**140**	**590**	**1,310**	**무슨 사업이든 매장 기본 사항**
시설 비용	집기 및 비품		25	25	25	시장바구니, 과자바구니, 기타 수납도구
	진열장		130	200	300	중고 or 신제품 진열장 선택에 따라 절감 가능
	소계		**155**	**225**	**325**	**점주 선택에 따라 비용 절감 가능**
무인 비용	무인결제기	본사	380	470	470	키오스크 설치비 포함 금액
	CCTV *55인치TV 별도	본사 및 선택	120	150	200	CCTV만 구입해서 설치해도 가능하나 A/S나 설치 등 추가 작업 필요 본사에서 구입 시 8채널, 음성지원 CCTV와 결제기 최고급 사양
	소계		**500**	**620**	**670**	**점주 선택에 따라 비용 절감 가능**
제품 비용	아이스크림	본사	300	400	500	제품 구성은 원하는 만큼 조절 가능하며 구성 자체를 하지 않을 수도 있음
	세계 과자	본사	100	300	400	
	반려제품	본사	50	100	150	
	냉동간편식	본사	25	40	80	
	라면류	본사 및 선택	30	40	50	
	음료수	본사 및 선택	30	40	60	
	소계		**535**	**920**	**1,240**	**비용 절감 노하우 전수**
총계			1,330	2,355	3,545	**시설 시공 관련 지인 찬스 이용 시 저렴한 시공. 어렵다면 본사가 시공 가능**

다른 업체의 견적서도 살펴보았지만, 무인 창업 예상 비용은 임대 보증금을 제외하고 초도물량 포함 대략 2,000만~3,000만 원입니다. 매장 평수가 넓고 인테리어 등에 좀 더 신경 쓴다면 최대 4,000만 원까지 들 수 있습니다. 단, 여기서 CCTV나 키오스크 등을 구매하지 않고 렌털할 경우 비용은 2,000만 원 아래로도 줄일 수 있습니다. 사실 모든 것을 렌털로 돌려서 1,000만 원 이하로 창업할 수 있다고 홍보하는 컨설팅 업체도 많습니다. 물론, 수익률만 생각하면 그게 최고겠죠.

실제 점주(관리자)가 되면 하루 어느 정도의 시간을 쏟아야 할까요? 점주가 매장에 머무르는 시간은 평균 1일 1시간으로 주로 매장 관리 때문입니다. 다만 저의 경우 운영 중인 무인 편의점을 관리하는 데는 하루 30분도 채 걸리지 않는 것 같습니다. 사실 그 이상의 시간을 쏟아서 잘 관리한다면 매장도 더 효율적으로 운영하고 매출도 한층 끌어올릴 수 있을 겁니다. 다만, 저는 이 일이 저의 주된 업무는 아니기에 관리에 30분 이상을 쏟지 않기로 했습니다.

그럼 무인 편의점을 운영할 때 점주로서 해야 할 일은 어떤 것이 있을까요? 일단 하루에 한 번 매장에 방문하면, 청소를 간단히 하고 매장의 상품을 정리합니다. 또 2~3일에 한 번 꼴로 키오스크의 현금을 수거하고 여기에 동전과 지폐를 채웁니다. 과자나 반려동물 간식 등의 주문은 어차피 온라인으로 해도 되기에 꼭 매장에 나가서 할 필요는 없습니다. 무엇보다 아이스크림 발주는 롯데나 빙그레 같은 업체 직원들이 수시로 채워주므로 점주들이 크게 신경 쓸 필요가 없다는 것도 큰 장점이지요.

창업 비용 및 순이익

그렇다면, 가장 궁금해할 수익! 저는 무인 편의점의 업계 평균 순이익이 150만 원이라 예상 순이익을 170만 원가량으로 잡았습니다. 다만 실제로 무인 편의점을 창업한 뒤 발생한 현금흐름은 성수기엔 250만 원 이상, 비수기엔 150만 원 정도로 월 평균 200만 원이 되었죠. 사실 유통업계의 비수기는 11~2월인데, 중간 12월에 매출이 반짝 오르고 날씨에 따라 변동 폭이 큰 편이죠. 그렇다면 매월 순이익을 계산해 봅시다. 예를 들어 3,000만 원을 들여 무인 점포를 창업했는데 매월 순이익 200만 원가량 나온다면, 연간 순이익은 2,400만 원입니다. 단순히 계산해도 연간 투자수익률이 80%죠! 매출이 잘 나오는 매장일 경우 1년 안에 투자금을 회수할 수 있다는 말이죠.

무인 편의점 업계에서 일매출이 40만 원 이상 나오는 곳은 대박 매장이고, 일매출이 30만 원 정도면 A급 매장이라고 할 수 있습니다. 여기서 중요한 건 임대료입니다. 월세를 얼마 내는지에 따라 순익이 달라지기 때문이죠. 해서 반드시 점포의 임대료를 체크해야 합니다. 또한 아이스크림보다 과자나 반려동물 간식 등의 매출 비중에 따라 순이익이 많이 달라지는데, 이는 다소 민감한 부분이라 따로 정보를 찾아보길 추천합니다. 결국 무인 편의점의 한 달 고정비는 월세(관리비)+전기세가 대표적이고, 그 외에는 큰 비용이 들지 않습니다.

고연봉 근로자들에겐 월 현금흐름 200만 원이 대단하지 않아 보일 수 있습니다. 하지만 일반 자영업자 기준으로 보면 하루 1시간의 노동량 투입으로 월평균 꾸준히 200만 원을 거둘 수 있다면, 시간 대비 수익 관점에서 엄청나게 가성비가 좋은 업종임에 틀림없을 겁니다. 오랜 기간 시세차익형 투자를 해온 이들에게도 월 200만 원이면 연간 2,400만 원에 불과하기에 별것 아닌 것처럼 보일 수 있지만, 결코 적은 돈이 아닙니다. 생각해 봅시다. 2022년 현시점 시간당 최저시급은 9,160원이며, 하루에 8시간씩 꼬박 한 달을 일해야 세전 191만 원을 벌 수 있습니다.

따져봐야 할 것들

다만 무인 편의점의 수익률만 보고 덜컥 창업해서는 안 됩니다. 다음은 경험자로서 독자들에게 당부하고 싶은 것들입니다.

첫째는, 입지 선정입니다. 점포의 위치는 아파트 기준 최소 700세대 이상인 곳이어야 합니다. 근처에 초, 중, 고등학교가 있으면 금상첨화입니다. 주변에 편의점이 있는 게 이익일지 손해

일지도 따져봐야 합니다. 또 인근에 무인 점포가 있을 경우에는 정밀하게 분석해서 결정해야 합니다. 사람들의 주동선과 유효 수요 등도 체크해야 하고요. 저의 무인 편의점은 양쪽에 아파트 1,300세대가 위치한 단지 내 상가의 맞은편 편의점 바로 옆에 있었습니다. 또 50m 거리에 초등학교가 있었고, 양쪽 단지 내 상가에는 공실도 없고 추가로 경쟁 점포가 들어올 자리도 없었죠. 입지가 좋아 보이나요? 하지만 해당 매장은 놀랍게도 1년간 공실이었습니다. 저는 이 매장을 계약하기 전까지 2021년 2, 3월에 스무 군데가 넘는 곳에 임장을 다녔습니다. 중요한 것은 추후 경쟁자가 들어올 수 없는 좋은 입지를 선점하는 것이기 때문이죠.

둘째는, 예상 매출입니다. 저는 이 부분이 가장 어려웠습니다. 투자는 해봤지만 자영업이나 사업 경험은 없었기에 일매출에 대한 개념도 전무했지요. 이는 지금도 여전히 어렵습니다. 저는 일단 주변 편의점과 마트 입점 여부, 소비자들의 주동선, 유효수요 등 일반적인 상가분석 시 활용할 수 있는 툴을 이용하고 지인들의 도움을 받아, 해당 매장의 일매출을 25만~30만 원으로 예상했습니다. 다행히 매장을 연 뒤 꾸준히 일매출 30만 원, 성수기엔 50만 원을 초과하고 있습니다.

셋째는, 깔끔한 매장 관리와 점주의 열정입니다. 앞서 사업장이 고객과의 접점이라고 했습니다. 저는 매장에서 초등학생들과 만납니다. 아이들은 제게 이따금씩 애교 섞인 요구와 항의를 하죠. 이를테면, "□□ 아이스크림 입고시켜주세요.", "○○○ 빵 언제 들어오나요?" 같은 것들이죠. 사실 매장 운영에 대한 열정이 있다면 세밀한 관리와 트렌드 발굴을 통해 새로운 아이템을 입고시키면서 매출을 증대시킬 수 있습니다. 일례로 최근 초등학생들 사이에서 인기인 플리퍼즈(오뚝이 팽이) 소식을 접하고, 이를 여러 종류로 계속 바꿔서 입고시켰더니 일매출이 3만~5만 원까지 늘더군요. 덕분에 비수기에 마진이 높은 상품으로 수익을 올리는 기술도 터득하게 되었습니다. 매장을 깔끔하게 관리하면서 더불어 지속적인 관심과 열정을 붓는 것이야말로 어느 사업에서나 통하는 성공 원리인 것 같습니다.

무인 점포를 늘려가는 일

무인 점포당 순이익이 월 200만 원이라면, 규모의 경제로 볼 때 월 2,000만 원을 만드는 것도 어렵지 않아 보일 겁니다. 계산하기 쉽게, 무인 편의점 창업 비용이 4,000만 원이라고 하고, 해당 매장에서 순이익이 매월 200만 원이 나온다고 가정하겠습니다. 그렇다면 단순 계산 시, 총 투자금 4억 원이면 이 같은 매장 10곳을 창업할 수 있습니다. 그럼 매월 총 2,000만 원의 순수익이 발생하니 단순 계산하면 투자 수익률이 연 60%(연간 2억 4,000만 원)가 나옵니다. 물론 대부분의 집기와 시설물을 렌탈로 돌리면 수익률을 극대화할 수 있습니다. 대다수의 컨설턴트들이 이렇게 적은 비용을 앞세워 창업을 유도하고 있는 것도 사실입니다(잘못됐다는 건 아닙니다).

여러분이라면 어떻게 하겠습니까? 무인 점포를 5곳 정도 늘려 보는 건 어떨까요? 저 역시 2021년에 무인 편의점 1호기를 세팅한 후 4~5개까지 무인 사업장을 늘려 볼까 고민했습니다만, 결국 추가로 사업장을 늘리진 않았습니다. 가장 큰 이유는 다음 장에서 이야기할 무인 스터디카페를 열게 되었기 때문이고, 두 번째는 특정 사업에만 몰두할 수 있는 상황이 아니었기 때문이죠. 사실 직원 없이 매장을 3곳 이상 열게 되면 이동시간까지 포함해서 하루에 4~5시간 정도의 노동력을 투여해야 합니다. 물론 직원을 고용하는 방법도 고려했습니다만, 일단은 보류하기로 했죠. 자신이 어느 정도의 시간을 투입할 수 있는지가 중요합니다.

계산된 위험을 감수하라.
이것은 단순한 무모함과는 완전히 다른 것이다.

_조지 S. 패튼, 제2차 세계 대전 시 미국 육군 대장

04

무인 스터디카페로 창출한 현금흐름

월급쟁이로 살아갈 때는 당연하다고 생각했던 것들이 사업을 시작하자 무섭게 느껴지기 시작했습니다. 최저임금 상승과 각종 노무 리스크 등이 그렇습니다. 또 코로나발 악재와 비대면의 일상화도 생각지 못한 변화였습니다. 다만 세계 최고의 IT 인프라를 갖춘 대한민국의 기술력과 다른 나라와 비교할 때 유독 정직한 국민성으로 인해, 실제 우리나라는 세계에서 가장 빠르게 무인 사업이 번창하고 있습니다.

이런 분위기 속에서 무인 시스템과 접목해서 운영할 수 있는 좋은 사업 아이템에는 어떤 것들이 있을까요? 2, 3년간 가장 인기를 끈 것은 스터디카페와 아이스크림(편의점)입니다. 대한민국 창업 순위 2, 3위에 랭크될 정도였죠. 작년부터는 무인 밀키트 창업이 인기를 얻고 있습니다. 더불어 무인 과일가게도 여기저기 생겨나고 있고, 기존의 무인 아이스크림 점포에 주류를 붙여 판매하는 곳도 늘었죠. 장기간 공실이었던 상가 1층을 임대인이 '무인 카페+편의점' 등으로 만들어 운영하는 하이브리드 형태도 눈에 띕니다. 어디 그뿐인가요. 프랜차이즈 업계의 톱티어top-tier급인 배스킨라빈스31도 우리나라에 벌써 무인 2호점을 오픈했습니다. 사실 저 역시 무인 편의점 한쪽에 밀키트를 입고시킬까 고민했는데, 유통기한과 배송 등의 문제로 입점 제의만 알아보다가 철회했습니다.

자, 그럼 제가 무인 스터디카페를 창업하게 된 과정을 이야기하겠습니다. 사실 앞에서 조금 이야기했듯 저는 부동산 투자를 오랫동안 해온 사람으로서 현금흐름이 발생하는 투자처를 꾸준히 찾아왔습니다. 그 점에서 투자금과 투자 시간이 비교적 적으면서도 현금흐름이 발생한다는 점에서 무인 사업은 저에게 큰 메리트였지요. 스터디카페는 편의점과 다르게 나만의 공간까지 가질 수 있다는 점에서 더 끌렸습니다.

정확히 이야기하면, 제가 운영 중인 무인 스터디카페는 신규 창업이 아닌, 기존에 프리미엄 독서실로 사용되던 곳을 아주 낮은 권리금을 주고 인수한 사례입니다. 인수한 후엔 키오스크와 CCTV, 간판 정도만 추가금을 들여 설치하고 업그레이드했죠.

제가 무인 스터디카페를 창업한 이유는 세 가지입니다.

첫째, 무인 편의점과 동일하게 투자금이 가장 적게 들어가는 창업 아이템으로, 추가적 현금흐름이 발생하기 때문입니다. 둘째, 매장 관리에 많은 시간을 쏟을 필요가 없어서 최소한의 시간과 노동력만 투여하고 다른 활동에 쓸 시간을 확보할 수 있기 때문입니다. 셋째, 제가 인수한 스터디카페 사업장엔 3~4평 정도의 사무실이 있어서, 개인 공간을 얻을 수 있어서였습니다(일반적인 무인 스터디카페엔 관리자의 사무실 공간이 없습니다).

무엇보다 매물로 나온 프리미엄 독서실을 무인 스터디카페로 변신시킬 수 있었던 건, 저의 경매 투자 동반자인 마스터슈퍼바이저(줄여서, 마슈바) 님 덕이 컸습니다. 프리미엄 독서실을 무인 스터디카페로 재탄생시킨 경험이 풍부한 그의 재창업 및 운영 노하우를 밥 한 끼로 해결할 수 있었지요. 무인 스터디카페뿐 아니라 학원과 기타 사업에 대한 유경험자이기에 지금도 홍보나 마케팅 등 운영 노하우는 물론 자잘한 문제가 발생했을 때도 도움을 받고 있습니다.

창업 비용 및 순이익

그럼 무인 스터디카페 창업을 위한 투자금은 얼마나 필요할까요? 스터디카페 공간에 시설과 집기 등을 세팅하는 데 평당

200만 원 정도는 잡아야 합니다. 대략 전용 50평일 경우 1억 원 정도가 소요됩니다. 세팅을 어떻게 하느냐에 따라 투자금을 줄이는 것도 가능합니다만, 스터디카페를 이용하는 고객들이 공간을 오랜 시간 이용하는 편인 만큼 시설과 집기의 수준이 떨어지면 선호하지 않을 수 있다는 점도 기억해야 합니다. 무인 편의점과 마찬가지로, CCTV나 키오스크 등의 집기를 렌탈로 돌릴 경우 비용은 크게 줄일 수 있습니다. 단기 수익률 역시 엄청 올라갈 겁니다. 그럼에도 일반적인 스터디카페 창업 비용은 보증금을 제외하고 1억 원정도 있어야 시작할 수 있습니다.

다행히 제가 운영 중인 매장은 프리미엄 독서실을 스터디카페로 전환하는 것이었기에 보증금을 빼고 창업비만 1,700만 원가량 소요되었습니다. 구체적으로는 상표등록, 키오스크, CCTV, 간판, 지문인식기, 커피머신 설치에 필요했지요. 참고로, 투자금은 개업한 지 5개월이 안 된 시점에 모두 회수한 상태입니다. 사실 창업 비용은 기존 프리미엄 독서실 상태에 따라 비용이 달라질 수 있습니다. 기존 책상이나 의자 등 기자재를 교체해야 하거나 평수가 넓은 경우에는 수천만 원이 추가로 들 수도 있겠죠.

그럼 매장 관리에 필요한 시간은 얼마일까요? 관리자가 스터디카페 정비를 위해 하루 매장에 머무르는 시간은 평균 30분~1시간입니다. 저 같은 경우에는 30분도 채 안 걸립니다. 스터디카페를 찾는 고객은 대부분이 학습과 독서 등을 원하는 사람입니다. 따라서 청결이 기본이긴 하나 무인 편의점처럼 그때그때 과자를 채우고, 어질러진 과자 부스러기나 쓰레기를 청소할 필요가 없지요. 무인 스터디카페의 경우 매일 간단하게 청소하고 필요한 물품만 그때그때 구비하면 매장 관리가 하루 15분 이내로 끝나기도 합니다. 무인 편의점처럼 키오스크에 동전이나 지폐를 채워 넣을 필요도 없습니다. 스터디카페는 오로지 카드 결제만 되기 때문이지요(현금 결제가 가능한 매장도 있습니다).

등록 문의나 결제 문의 등은 문자나 전화 통화로 언제 어디서나 고객과 소통할 수 있고, 블로그나 SNS 등으로도 응대 가능합니다. 그러니 디지털 노마드족처럼 생활할 수 있지요. 무엇보다 저는 간단하게 스터디카페 정비를 끝낸 후엔, 개인 사무실에 앉아서 블로그에 글도 쓰고 부동산 물건도 분석하면서 개인적인 업무를 처리합니다. 가장 만족하는 부분이죠.

특히 최대 2일 정도는 매장을 비워도 큰 문제가 없습니다. 실제로 타지에서 강의가 있어서, 혹은 가족 여행 때문에 하루 이틀 자리를 비운 적이 있는데, 문제가 전혀 없었습니다. 사실 저는 이제 주말에는 무인 스터디카페든 무인 편의점에든 방문하지 않을 때가 많습니다. 날마다 방문해서 관리하는 것이 가장 좋긴 하지만, 실제로 운영하다 보니 노하우가 생겨서 그 정도의 공백은 문제가 되지 않는다는 걸 알게 되었습니다.

그렇다면 이를 통해 얻은 현금흐름은 얼마나 될까요? 저는 예상 순이익을 200만 원으로 잡았습니다. 사실 업계 순이익은 150만~1,500만 원까지 매장별로 차이가 아주 컸습니다. 저희 매장의 경우 비수기엔 200만 원, 성수기엔 400만 원까지 매출이 나와서 월평균 순이익이 300만 원 이상입니다. 무인 스터디카페의 월 순이익은 총 매출에서 각 항목을 차감해서 계산했는데, 구체적으로는 다음과 같습니다.

총 매출	700만 원
매장 임대료	- 200만 원
운영비	- 100만 원
관리비	- 50만 원
총 순익	**350만 원**

여기서 보듯, 이 매장의 손익 분기점은 매월 350만 원입니다. 그렇다 보니 매출 초과분이 사업자가 가져가는 몫이죠. 스터디카페도 무인 편의점처럼 11~2월이 비수기인데, 1월에는 매출이 좋은 편입니다.

따져봐야 할 것들

무인 편의점과 마찬가지로, 무인 스터디카페를 창업할 때도 따져봐야 할 것들이 있습니다. 입지 선정에 있어, 매장 주변에 최소 700세대 이상의 아파트가 있어야 합니다. 근처에 고등학교와 대학교가 있으면 금상첨화입니다. 특히 학원가가 인접할 경우 정말 좋습니다. 매장을 덜컥 계약하기 전에 지역 거주민들의 주 동선과 유효수요 등을 체크하고 주변에 입점한 스터디카페는 없는지 따져봐야 합니다.

저희 스터디카페 매장의 경우 반경 1km 이내에 5,000세대 규모의 아파트가 있고, 50m 거리에 스터디카페가 한 곳 있었습니다. 말했듯 저는 기존 프리미엄 독서실을 인수한 상황이었기에 기존 입지를 활용하는 동시에 스터디카페만이 가질 수 있는 24시간 운영 등과 같은 특장점을 접목하는 데 주력했습니다. 프리미엄 독서실에는 없었던 공기청정기와 커피머신 등을 설치하고, 과자 종류도 업그레이드하는 한편, 프린터를 무료로 사용할 수 있는 혜택을 제공했죠.

투자금도 매우 중요합니다. 어느 정도가 적절한지 잘 모르겠다면 신규 창업일 경우 2년 이내에 투자금 회수가 가능한지, 기존 매장을 인수할 경우 1년 이내에 투자금 회수가 가능한지 계산해 보고 진행하길 추천합니다.

사실 무인 스터디카페의 경우, 고객들이 오랜 시간 머무르는 곳인 만큼 특히 청결에 신경 써야 합니다. 사업장을 인수한 뒤 룸마다 공기청정기를 설치한 것도 이 때문입니다. 먹을 것도 부족하지 않게 세팅하고, 프린터나 노트북, 충전기 등을 구비해 기존 프리미엄 독서실에는 없었던 서비스를 제공했습니다.

홍보도 중요합니다. 블로그나 인스타 등 온라인 홍보는 물론,

배너, 현수막, 전단지 등을 통한 오프라인 홍보도 시기 적절하게 활용할 필요가 있습니다. 저의 경우 비수기에는 스터디카페 이용 할인 이벤트를 통해 매출을 증대시킬 수 있는 방법을 찾습니다.

사실 최근 몇 년간 너무 많은 무인 스터디카페가 생겼습니다. 한 빌딩에 거의 층마다 스터디카페가 있는 곳도 본 적이 있습니다. 초기에 창업했다면 투자금도 꽤 많이 들어갔을 겁니다. 스터디카페로 재미를 본 이들 중에는 한꺼번에 5개, 10개까지 점포를 늘려서 운영하는 분도 있지요. 하지만 비수기가 되면 월 손익분기점도 넘지 못하는 곳이 많습니다. 스터디카페 창업에 출혈경쟁이 치열하다 보니 이용료 자체가 너무 싸게 책정되는 것도 안타까운 부분입니다.

만약 스터디카페 창업 비용이 1억 원인데 이 매장에서 매월 순이익이 500만 원가량 나온다면, 연간 순이익은 6,000만 원입니다. 단순 계산으로 연 수익률은 60%이죠. 실제로 매출이 잘 나오는 매장은 1년 안에 투자금 모두를 회수합니다. 요즘 같은 고물가 저금리 시대에 혹할 만한 수익률이죠. 단, 현업에 종사하는 사람으로서 저는 무인 스터디카페의 신규 창업은 특히 조심해야 한다고 강조하고 싶습니다. 최근에는 관리형 독서실, 관리형 스터디카페로 트렌드가 바뀌고 있는 추세라는 것도 참고해야 합니다.

이렇게 저는 무인 점포 두 곳에서 순이익 월 500만 원의 현금흐름을 창출했습니다. 성수기엔 700만 원 이상도 발생하긴 하지만 보수적인 평균으로 잡으면 그렇습니다. 사실 2021년에 세운 무인 점포를 통한 신규 현금흐름 목표는 월 1,000만 원이었습니다. 목표의 절반밖에 달성하지 못 한 겁니다.

목표를 이루려면 투자금을 좀 더 투입해서 무인 편의점을 새로 개설하거나 프리미엄 독서실 매물을 무인 스터디카페로 전환할 수 있을 겁니다. 하지만 일단 저는 이 업종들은 더 늘리지 않았습니다. 본업이 투자자이자 강사이기에, 무엇보다 책도 집필해야 했기에 가급적 시간을 확보하고 싶었습니다. 더불어 부동산 투자와 접목한 가족 사업을 구상해야 하는 상황이라 더는 늘리지 않고 있습니다. 만약 저에게 누군가 그다음 무인 창업 아이템으로 무엇을 생각 중인지 묻는다면, 공유 오피스-소호 사무실이라고 이야기하겠습니다. 제가 정해놓은 사업 원칙, 즉 최소한의 투자금, 최소한의 노동력 투여, 손쉽고 편한 매장 관리에 딱 들어맞기 때문입니다.

이 세상에 보장된 것은 아무것도 없으며
오직 기회만 있을 뿐이다.

_더글러스 맥아더, 미국의 군인이자 정치가

05

무인 사업을 시작하려는 당신에게

코로나19로 촉발된 비대면 시대의 일상화는 무인 사업을 우리 생활 속으로 훨씬 더 일찍 더 빨리 끌어들였습니다. 빨래방과 아이스크림 할인점으로 시작된 무인 사업은 무인 밀키트, 무인 과일가게, 무인 스터디카페를 넘어 무인 커피숍과 편의점의 콜라보로 이제 1층 코너 자리에도 입점하고 있는 상황입니다.

물론 1층 코너 자리에 입점한 무인 커피숍은 임대인이 운영자일 가능성이 큽니다. 팬데믹으로 임차인을 구하기 쉽지 않은 상황에서 수익률을 훨씬 끌어 올리기 위한 전략으로 운영하는 경우가 많기 때문입니다. 스터디카페나 공유 오피스 정도를 제외하면 대부분의 무인 업종은 1층에 입점합니다. 최근 실내 운전면허연습장 등이 무인 시스템에 가깝게 운영되면서 건물의 2층 이상에 들어오는 것 같긴 하지만 보통은 1층이죠.

편의점 업계 1위인 CU도 전국에 무인 편의점을 신규 론칭해 나가고 있습니다. 이마트24 역시 밤 9시 이후엔 무인으로 전환해 운영하는 매장을 늘리는 중입니다. 설마 가능할까 싶었던 배스킨라빈스31까지 위례 신도시와 도곡동에 무인 매장을 오픈했죠. 결국 사업의 무인화는 업종을 뛰어넘어 시대의 흐름이 된 것 같습니다.

주로 부동산 시세차익형 투자를 해왔던 저는 코로나19가 발생한 이후 수익형 상가와 사업에 더욱 관심을 갖게 되었습니다. 당장 시작하지는 않더라도 미리 준비해 둬야겠다는 생각으로 접근했습니다. 그동안은 별생각 없이 지나치던 동네의 상가를 주의 깊게 보다 보니 자연스럽게 공부가 됐습니다. 상권이 활성화된 지역은 왜 그런지 신규 택지지구와 비교해 보기도 하고, 임차가 잘 나가는 업종과 가장 먼저 만실이 되는 빌딩의 특징도 살펴보았습니다. 공실이었다가 임차가 되는 상가, 수년째 임차인을 구하지 못해 계속 공실인 상가도 지속적으로 모니터링했죠. 팬데믹 이후 오피스 상권과 주거지역 상권을 비교하는가 하면, 운영되는 업종별, 사업별로 매출도 유추해 보면서 주변이 어떻게 변해가는지 관찰했습니다.

2021년부터 다시 시작한 경매 투자에도 무인 사업으로 얻은 상권에 대한 이해도가 더해져 시너지를 낼 수 있었습니다. 소규모 자영업을 하다 보면 자연스럽게 상가나 상권에 대한 공부가 되는데, 주변에 장사가 잘되는 업종이나 매출이 없어서 낙오되는 업종 등을 구분하면서 체감할 수 있기 때문입니다.

무인 소호사무실이나 스터디카페의 경우 동일 빌딩 내에 언제라도 추가 경쟁자가 들어올 여지가 있습니다. 그러나 무인 아이스크림의 경우 주변에 공실이 많지 않으면 그 자체가 입지 선점의 효과를 극대화할 수 있습니다. 반대로 학원 위주로 세팅된 빌딩에 딱 1개 층에만 공실이 있다면 여기에 스터디카페를 들이면 당연히 성공률이 높을 겁니다. 이러한 안목은 평소 주변 상가에 대한 지속적인 관심과 임장, 학습 등으로 쌓을 수 있습니다. 노하우와 경험이 쌓이면 기회가 올 때 붙잡을 수 있는 확률도 높겠죠. 사업이든, 투자이든 평소에 관심을 갖고 학습하는 것이 중요합니다.

무엇보다 부동산 투자자라면 임장을 통해 상가와 무인 사업의 성공률을 극대화할 수 있습니다. 사실 주거용 상품은 손품만으로도 50% 이상 사전 학습이 가능하지만, 상권은 입지가 아무리 좋다 해도 불과 4~5m 차이로 공실이 발생할 수 있습니다. 길 하나 차이로 수년간 임차인을 구하지 못하는 경우도 허다합니다. 그래서 저 역시 무인 편의점을 창업하기 전에, 20곳 이상을 임장하며 고르고 또 골랐습니다.

사업장에 대한 애정과 꾸준한 관리는 필수입니다. 앞서 무인 사업의 장점으로 관리의 용이성을 강조했습니다만, 무인 사업에도 사람이 직접 관리해야 할 부분이 있습니다. 매장에 손님들이 드나드는 빈도수가 높은 업종일수록, 이용하는 손님의 연령대가 낮을수록, 여러 번 매장에 방문해 관리해야 합니다. 대표적인 것이 무인 아이스크림 매장입니다. 아이들은 자유 분방합니다. 해서 매장 내에서 음식물을 잘 흘립니다. 지저분하고 관리가 안 되는 매장을 고객들이 좋아할 이유는 없겠죠.

제가 운영 중인 무인 스터디카페는 길게는 3일까지 비워도 큰 문제가 없습니다. 대부분은 공부하기 위해 오는 이들이기에 매장이 더러워질 일이 별로 없죠. 청소나 매장 정비에 손이 크게 가지 않아서 주말에는 아예 가지 않고 있음에도 여태까지 이용 회원들에게 한 번도 클레임을 받은 적이 없습니다. 여기에도 관리 및 운영 노하우가 어느 정도 필요하긴 하지만요.

사업장에 대한 애정과 관심은 무인 사업뿐만 아니라, 모든 자영업과 사업에 공통으로 필요한 항목입니다. 점주 입장에서도 자신의 매장에 대한 애정이 사라지면 관리나 청결 유지에 소홀해질 수밖에 없습니다. 회사가 맘에 안 들면 출근하기 싫어지는 직장인들처럼 말이죠. 반면, 매장에 대한 애정과 열정이 있으면 아침 저녁으로 매장을 청소하고 열심히 관리하게 되겠죠. 그리고 이러한 관리자의 열정이 매장을 이용하는 손님에게 고스란히 전해질 것입니다.

사람이 필요 없는 무인 매장이지만, 역설적이게도 사람의 손길이 느껴지는 매장을 만들수록 더욱 흥할 수 있는 사업인 것 같기도 합니다. 디지털 세상에서도 여전히 아날로그 감성이 필요합니다.

만약 친한 누군가가 저를 찾아와 자신이 무인 사업을 하려고 하는데 유경험자로서 조언을 부탁한다면, 자신이 정말 잘할 수 있겠다는 확신이 들 때 시작하라고 할 것 같습니다. 창업 자금은 어떻게 마련할지, 만에 하나 적자가 나더라도 일정 기간 버틸 수 있는 경제적 여력이 있는지, 하루 1시간 이상 투자할 수 있는 여유 시간이 있는지 등 구체적으로 생각해 보고, 무인 사업에서 발생할 수 있는 다양한 상황을 시뮬레이션해 볼 필요가 있습니다. 무엇보다 가장 좋은 것은 주변에서 무인 사업을 하고 있는 이들에게 직접 묻는 것인데, 그럴 수 없다면 온라인 카페 등에 올라온 사례로 간접 경험해 보는 것도 방법입니다. 다만 재미있는 것은 무인 사업 관련 카페 등에 올라온 글은 성공 스토리보다는 실패 스토리와 자신이 겪은 역경에 관한 하소연이 대부분이라는 겁니다. 생각해 보세요. 현재 운영 중인 무인 점포가 잘 되고 있다면 거기에 신경을 쓰느라 그런 글을 올릴 시간이나 필요가 있겠습니까.

여건이 허락된다면 다른 무인 점포들을 많이 찾아서 직접 방문해 보길 바랍니다. 직접 가 봐야 장사가 잘 되는 곳과 안 되는 곳의 차이를 발견할 수 있고 이를 통해 자신의 점포는 어떤 곳에 구해야 할지 힌트를 얻을 수 있지요. 기존 무인 점포 관리 아르바이트 자리를 구할 수 있다면 적극적으로 경험해 보는 것도 좋습니다. 반나절 혹은 하루 동안 몇 명의 손님이 방문하고 상품을 구입하는지 일일이 세어보는 열정도 필요합니다. 이 같은 선행 작업 끝에 무인 사업을 하기로 마음먹었다면, 이때부터 고민해야 할 것은 '어떻게 하면 잘할 수 있을지'입니다.

여러 가지 장점에 혹해서 덜컥 무인 점포를 열었다가 생각보다 손이 많이 가서 창업을 후회하는 이도 더러 있습니다. 하지만 일단 창업했다면 후회는 나중으로 미루고 매출 증대와 모객 방법을 고민하십시오. 무인 사업을 성공으로 이끄는 8할은 입지이고 나머지 2할은 홍보와 관리입니다.

프랜차이즈 무인 사업

요즘은 무인 사업도 프랜차이즈 가맹점 형태로 진행되는 경우가 많습니다. 점주로부터 로열티와 창업 비용을 받고 본사가 쌓은 창업과 영업 노하우 및 합리적인 운영방식을 전달하고 유통 등의 계약을 맺는 형태를 뜻합니다. 우리가 아는 유명 햄버거 가게나 카페 등도 모두 프랜차이즈의 출점 형태이죠. 장점이라면, 최근 스터디카페나 무인 아이스크림의 출혈 경쟁으로 인해, 무인 프랜차이즈 업체들도 기존에 최소 300만 원 이상 로열티를 받던 관례를 없애고 점포 창업을 유도하는가 하면, 점주가 투자 비용을 줄일 수 있도록 일부 유통이나 인테리어 등을 합리적으로 선택할 수 있게 진행한다는 것입니다.

무인 사업을 프랜차이즈 업체로 진행할 경우 어떤 장단점이 있는지 살펴볼 필요가 있습니다. 가장 큰 장점은 본사에서 기본 세팅을 도와주기 때문에 자영업이나 사업 경험이 전무하거나 많은 시간을 소요하기 힘든 이들에게 큰 도움이 된다는 것입니다. 돈을 주고 시간을 벌 수 있다고 생각하면 됩니다. 다만 프랜차이즈라고 해도 A부터 Z까지 모든 것을 해주지는 않으므로 창업 절차와 세부적인 내역은 공부하고 직접 참여해야 합니다. 예를 들어, 사업자등록증 발급, 인터넷 개통 등은 명의자가 직접 처리해야 일 처리가 정확하고 빠릅니다. 또 점포 인테리어나 시설 배치 등도 프랜차이즈 담당자나 본사에 일임하지 말고 점주가 세세히 챙기는 것이 좋습니다. 두 번째 장점은 기존 프랜차이즈가 쌓아 놓은 브랜드 인지도와 홍보 효과를 누릴 수 있다는 것입니다. 이에 따른 노출 효과 등이 무형의 장점이겠죠. 반면, 업계 평균의 기본 로열티나 가맹비를 본사에 제공해야 한다는 점이 단점입니다. 무인 스터디카페의 경우 월 관리비 30만~50만 원을 추가로 내거나, 각종 결제 및 관리 프로그램을 이용할 경우 매월 추가 비용을 지급해야 하는 경우도 있습니다.

다음 장에 소개한 표는 프랜차이즈 업체를 통해 무인 사업을 창업하는 절차입니다. 순서는 프랜차이즈별로 다를 수 있고 창업하는 분야에 따라 개별 차이가 있을 수 있습니다.

프랜차이즈 무인 창업 절차

1 가맹 상담	사업의 특징과 규모, 성장동력, 차별성, 수익성, 본사 지원 사항, 가맹점 의무사항, 개설 비용, 교육 내용, 사후관리 시스템 등 제반 운영에 관한 사항을 문의 및 확인하는 첫 과정
2 계약 안내	해당 지역의 입점 의사 및 브랜드 사용, 일반적인 계약 내용에 관해 본사와 점주간 의사 확인
3 상권분석 및 제안	해당 점포에 대해 상권 판정표나 유동 인구, 세대수 등을 근거로 해당 점포에 대한 수익성 분석을 서로 확인하는 과정
4 상가 계약	상권 및 점포에 대한 분석을 통해 사업하고자 하는 점포의 임대차계약 시행. 건축물관리대장 등에 특별한 문제가 없는지 기본적인 권리분석에 관한 검토를 마친 뒤 상가 계약 진행
5 공사 설계	점포 인테리어를 상호 협의하고 본사를 통해 업체를 소개받거나 점주가 자발적으로 인테리어 업체를 선정하여 전체적인 매장의 익스테리어, 인테리어에 대한 전반적인 설계를 하는 과정
6 시공	공사 시방서와 일정표 그리고 도면(평면, 측면, 천장, 3D) 등을 사전 조율하여 확정해서 시공
7 서비스 구축 및 홍보	상권분석을 바탕으로 충성고객 만들기, 표적 고객 ,소비성향 분석을 통해 지속적인 고객관리와 서비스의 실행, 고객 분류 등을 통한 다양한 마케팅과 행사 및 홍보 진행
8 운영 교육	제품, 시설, 세무, 매장 운영, 서비스 등 직접운영관리 교육과 기업가 정신, 고객 응대 태도 등에 관한 교육

무인 사업은 워낙 진입장벽이 낮아서 무인 편의점이나 아이스크림, 밀키트 등 점주의 의지만 있으면 몇 번의 임장만 다녀와도 창업을 지원하는 것이 가능하기에 증명되지 않은 신생 무인 프랜차이즈 업체들이 난립하고 있는 실정입니다. 따라서 이와 같은 절차를 따르지 않고 무턱대고 점포 늘리기에 혈안이 된 업체도 많으므로 계약 전에 프랜차이즈 사업 경험이 충분히 있는 곳인지 자세히 살펴봐야 합니다.

무인 사업의 성공 키워드

여러 번 강조했듯이 무인 사업의 성패는 입지에서 결정됩니다. 배후 세대수와 사람들의 이동경로, 유효수요 등이 결국 내가 창업한 점포의 수익으로 귀결됩니다. 이것이 바로 상권분석 없이 마냥 창업 의지만 가지고 아무 곳에나 점포를 오픈하면 안 되는 이유입니다. 그래서 입지 분석이 기본인 부동산 투자자들에게 좀 더 유리하기도 하죠. 해당 상권의 대략적인 임대료를 알고 있고, 어느 정도의 수요를 예측하고 예상 객단가를 내는 것이 상권분석입니다. 또한 아무리 상주할 필요가 없는 점포라고 해도 가급적 직장이나 거주하는 집에서 가까운 것이 관리 측면에서 유리합니다. 바쁜 일상에서 짧게라도 방문할 수 있다면 매장 관리의 효율이나 심리적 안정에 도움이 되겠죠. 최소한 수십 분 이내에 방문할 수 있는 거리라면 좋겠습니다.

무인 업종 중에서 과거부터 지금까지 가장 많은 창업이 이뤄졌고 앞으로도 꾸준하게 이뤄지리라 예상되는 것은 무인 아이스크림 점포입니다. 사실상 무인 아이스크림이라고 해도 실제 매장에 들어가 보면 다양한 식품을 팔기에 무인 편의점이라고 보는 게 맞을 것 같습니다. 프랜차이즈 편의점들 역시 이미 십수년 전부터 경쟁적, 공격적으로 신규 점포 출점을 해왔습니다. 시골 군, 면 단위까지 기존 슈퍼나 작은 마트가 사라진 자리에 편의점이 들어왔죠. 예전에는 편의점 출점 기준 중 하나가 '700세대 수 이상인 곳'이었는데 이제는 '400세대 이상인 곳'으로 조건이 완화되었습니다. 그렇다 보니 원룸 상권에도 100m 내에 편의점이 두 곳 넘게 있는 경우도 있죠. 이처럼 편의점이 많아진 탓에 서로 매출을 나눠야 한다는 것이 리스크일 수도 있지만, 사실상 원체 편의점의 취급 품목 자체가 다양화, 고급화되어 있기에 당분간 무인, 유인 편의점의 인기는 지속될 것으로 예상됩니다. 자, 그렇다면 이 같은 프랜차이즈 편의점과 경쟁 관계이면서 동시에 공생 관계인 무인 편의점은 어떤 곳에 입점하는 것이 좋을까요?

가장 중요한 것은 주변 주거지역의 세대수입니다. 만약 주변 아파트 배후 세대수가 1,200세대 정도 되고 바로 앞에 초등학교도 있는데 이런 지역에 편의점이 한 곳뿐이라면, 무인 편의점을 당장 열어도 좋습니다. 최근 2년여간 무인 편의점이 생긴 곳이 대부분 이런 조건을 갖춘 곳이었습니다. 이처럼 주변에 초등학교나 중학교가 있으면 더할 나위 없이 좋지만 없더라도 세대수가 700세대 이상이면 상권분석을 통해 충분히 입점을 고려해 볼 수 있습니다.

유인이든 무인이든 편의점을 이용하는 사람들은 무조건 집 근처를 이용합니다. 이것이 대형마트와 다른 부분입니다. 500m 이상 떨어진 옆 동네의 편의점에서 2+1, 1+1 행사를 한다고 해서 거기까지 가는 이들은 없습니다. 오피스 상권이나 업무용 상권이 아닌 이상, 일반적으로 사람들이 편하게 슬리퍼를 끌고 가서 이용할 수 있는 곳에 입점해야 하는 것이 바로 편의점이죠. 부동산에서 이야기하는 '슬세권'이 바로 편의점에 적용되는 겁니다.

더불어 주변에 초, 중, 고등학교 등이 있다면 더없이 좋은 조건이 됩니다. 다만 좀 더 세심하게 살펴봐야 할 것은 학생들의 등하교 동선입니다. 되도록 주동선이 겹치는 곳에 위치해야 매출 측면에서 유리하겠죠. 따라서 주변 학교의 등하교 시간에 아이들이 어디로 다니는지 체크한 뒤에 상가 입점을 결정하는 게 좋습니다.

뿐만 아니라, 실제로 무인 편의점 출점을 위해 점포를 찾아다니다 보면, 어느 주거지역이든 근거리에 프랜차이즈 편의점이나 마트가 있다는 걸 알게 됩니다. 편의점이나 마트가 없는 곳이 없을 정도인데, 무인 편의점을 하는 게 맞을까 싶어질 겁니다. 그렇지 않나요? 이때 이걸 생각해야 합니다.

일단, 마트와 무인 편의점은 경쟁 상대가 아닙니다. 물론 판매하는 아이템이 겹칠 수는 있지만 소비자들이 어떤 물품을 살 때 무조건 마트에서 사는 것도, 무조건 편의점에서 사는 것도 아니란 걸 기억하세요. 필요에 따라, 품목에 따라 구매처가 달라집니다. 저 같은 경우도 아이들 우유를 사러 갈 때는 마트로 가고 차를 타고 이동 중이거나 커피나 음료수를 살 때는 편의점을 이용합니다. 또한 마트에 가보면 무인 아이스크림 점포에서 판매하는 아이스크림의 종류와 가짓수를 따라올 수가 없다는 걸 알 수 있습니다. 전용면적 10평의 무인 편의점에는 아이스크림 냉동고만 5~6대 이상 비치할 수 있습니다. 하지만 일반 마트의 아이스크림 냉동고는 많아야 3대, 보통은 2대 이하죠. 소형 마트에서 판매하는 아이스크림 냉동고는 기본적인 영업 구성에 지나지 않습니다. 사실 일반적인 프랜차이즈 편의점도 마찬가지죠. 특히 이들은 아이스크림 할인 행사를 일시적으로 하지만, 무인 편의점은 상시 할인하기에 가격 차이가 워낙 크다 보니 소비자들은 일반 편의점에서는 아이스크림을 잘 사 먹지 않게 됩니다. 이처럼 주력 품목에서 취급하는 종류와 가짓수에서 무인 편의점이 압도적으로 우세합니다.

앞서 저는 편의점과 무인 편의점은 경쟁 관계인 동시에 공생 관계라고 했습니다. 이게 무슨 말일까요? 일단 일반 편의점과 무인 편의점이 같이 있으면 사람들이 양쪽에서 원하는 물품을 각각 구매하게 되는 일이 생깁니다. 주류나 담배 같은 경우 아직 무인으로 판매 허가가 되지 않기에 일반 편의점이 이를 독점할 수 있으니 공생이 가능합니다. 또한 유인과 무인 편의점 두 곳이 유통 상권을 넓힘으로써 집객 효과를 극대화할 수 있죠. 무인 편의점의 품목이 아무리 많아도 일반 편의점의 판매 품목과 동일할 수는 없습니다. 또 프랜차이즈 유인 편의점 같은 경우 해당 본사에서 판매가 허락된 품목만 판매할 수 있고, 무인 편의점은 점주의 의지에 따라 품목을 자유롭게 선택할 수 있으니 서로 상호보완이 될 수 있죠.

다만 일반 편의점은 아이스크림 취급 품목이 적기에 여름 성수기에는 무인 편의점에게 이를 양보할 수밖에 없습니다. 이럴 때 무인 편의점에서는 음료 등을 같이 판매하면서 이점을 극대화할 수도 있겠죠.

한 가지, 무인 편의점 출점을 고려 중인데 근거리에 일반 편의점이 있어서 고민이라면 이런 생각도 해볼 필요가 있습니다. 일반 프랜차이즈 편의점의 경우, 점포 출점 전에 본사에서 이미 그 지역의 기본적인 상권분석을 마쳤을 거라는 점입니다. 대기업의 상권 입지 분석 전문가들이 까다로운 기준으로 상권 및 매출 분석을 통해 입점을 결정한 만큼 이를 역으로 활용할 필요도 있습니다. 따라서 그 지역에 편의점과 마트가 있다고 해서 무조건 두려워할 필요는 없습니다.

타깃의 필요 읽기

무인 사업은 주 이용객의 나이대에 따라 상품 구성을 다변화할 수 있다는 것도 특징입니다. 만약 점포가 초등학교 근처 주거지에 위치해 있다면, 30대 중후반부터 40대 중반의 부부가 10대 아이들과 거주할 가능성이 큽니다. 따라서 이런 곳에 무인 점포를 열었다면 초등학생들이 좋아할 만한 과자와 젤리, 인기 장난감으로 상품을 구성하는 게 좋습니다. 저렴한 가격대의 사탕이나 젤리, 과자는 아이들이 등하교 시간에 가볍게 들러서 사먹을 수 있으니 좋고, 다소 단가는 있어도 주변 문구점이나 마트에서는 보기 힘든 인기 장난감이라면 저녁에 아이들이 부모나 조부모와 손잡고 와서 구매할 수 있기 때문이죠. 별것 아닌 것처럼 보이는 아이디어도 효과적인 마케팅 전략이 될 수 있습니다. 마케팅이라는 게 단순히 판촉 홍보만 있는 것이 아니라, 제품의 기획 및 구성부터 판매와 A/S까지 일련의 과정을 포함하는 것이기 때문이죠. 이처럼 작은 점포라고 해도 고객의 필요에 따라 제품을 구성하며 마케팅에 신경을 쓰면 매출을 올릴 수 있습니다.

취급하는 품목이 다양할수록 더욱 두터운 고객층을 확보할 수 있습니다. 노년층이 선호하는 과자나 약과 등을 구비해 두는 것도 매출 증대에 도움이 됩니다. 요즘은 반려동물용품만 전문적으로 취급하는 무인 점포도 많이 늘고 있지만, 무인 편의점에 반려동물 간식이나 용품을 같이 취급하는 것도 방법입니다.

무인 창업 시장의 최근 동향

무인 창업의 춘추전국시대가 이어지는 가운데, 가장 큰 트렌드는 무인의 하이브리드 즉, 혼합화입니다. 커피와 음료만 취급하던 무인 카페에서 아이스크림 냉동고를 추가하고 과자나 젤리, 문구류 등을 취급해 무인 편의점 형태로 진화하는 일도 많습니다. 단, 카페와 편의점 혼합형으로 운영하려면 최소 전용면적 20평 정도는 돼야 가능합니다.

무인 아이스크림 매장에 냉장고와 냉동고를 추가로 들여서 밀키트를 판매하고, 무인 빨래방에 음료와 커피머신을 추가 설치하거나 아이스크림 냉동고나 과자류 등의 매대를 설치해서 운영하는 것도 가능합니다. 무인 문구점에서도 아이스크림이나 과자류를 취급하고 프린터와 복합기 등을 설치해서 이용객의 편의를 도모하기도 합니다. 무인 과일가게에서 아이스크림이나 밀키트 등을 취급하고 커피머신을 설치해 일부 공간을 카페로 활용하는 경우도 있지요.

앞서 저는 프리미엄 독서실을 무인 스터디카페로 전환했다고 말씀드렸지만, 최근에는 프리미엄 독서실이 관리형 독서실로 유인화되고 있습니다. 관리형 독서실의 한 달 이용요금이 30만 원 이상으로 일반적인 무인 스터디카페나 프리미엄 독서실보다 2배 이상 비싼데, 문제 풀이를 도와주는 선생님과 학습 분위기를 잡아주는 관리자가 있어서 확실히 타이트하게 공부할 수 있게 만들어주기에 반응이 좋다고 합니다.

공유오피스 내 1인실, 싱글룸, 스터디룸, 회의실 등을 구비해 스터디카페와 독서실 이용객의 수요를 흡수하는 것도 최근 추세입니다. 대학가 주변에는 프린터와 복사기를 구비한 카페도 대세입니다. 개인적으로는 이런 카페에 복합기뿐 아니라 문구용품까지 같이 판매하면 더 좋지 않을까 하는 생각도 듭니다.

이처럼 무인 사업은 점포 안에 어떤 품목을 들여서 어떻게 구성하느냐에 따라 얼마든지 다른 점포와 차별되고 특색 있는 사업이 가능합니다. 최근에는 라면을 끓여주는 기계, 새로운 음료를 제조해 주는 머신 등 신박한 아이템들이 많이 출시되고 있습니다. AI와 로봇 기술의 발전으로 무인 사업의 앞날은 더욱 무궁무진할 것 같습니다.

영원히 완벽한 입지와 수익은 없다

부동산에서 영원히 좋기만 한 입지는 없습니다. 대한민국 최고의 입지로 평가받는 강남도 개발되기 전에는 논밭이 주를 이루고 있어서 오히려 강북 사람들에게 무시당했죠. 상가 역시 수익형 부동산이기에 입지에 영향을 받고, 상권과 트렌드도 변하게 마련입니다. 일단 무인 점포를 창업했으니 그래도 몇 년간은 장사가 잘되겠지, 하면서 안일하게 생각해선 안 됩니다. 모든 것이

가변적이기 때문입니다. 그렇다면 무엇이 변한다는 걸까요?

첫째, 경제 상황입니다. 코로나19를 겪으면서 우리는 경제와 산업, 트렌드가 한순간에 바뀌는 것을 몸소 체험했습니다. 배달업의 폭발적인 성장과 비대면 산업과 무인 사업의 활황세를 보세요. 불과 3, 4년 전에 이렇게 될 거라고는 누구도 상상하지 못했습니다. 기존의 요식업이 누렸던 지위는 온데간데없고, 일부 톱티어급을 제외하고는 무수히 많은 점포가 폐점했죠. 최저임금의 역습으로 인한 인건비 부담을 줄이고자 많은 사업장에서 키오스크와 서빙 로봇을 도입하고 있습니다. 물론 이 같은 경제 상황도 또 바뀔 겁니다.

둘째, 업종의 변화입니다. 최근 비대면의 거센 바람 속에 무인과 배달 업종은 폭발적인 성장세를 보이고 있습니다. 새벽배송, 로켓배송 등 저녁 늦게 온라인으로 상품은 주문해도 다음 날 아침이면 도착하는 획기적인 배송 시스템 덕분에 산업 전반의 생태계가 바뀌었습니다. 바쁜 현대인들을 위한 간편한 밀키트의 뜨거운 인기도 트렌드의 변화가 반영된 것이라 볼 수 있습니다 집밥, 혼밥 트렌드 속에 밀키트 산업은 승승장구할 것 같습니다.

셋째, 교통 조건의 변화입니다. 없던 지하철역이 생기고 철도 노선이 깔리고 집 앞에 새로운 버스 노선이 생기는 등, 교통 여건은 실시간으로 변화합니다. 이는 오피스 상권과 주거지역 상권에 반영될 수 있죠.

넷째, 트렌드 변화로 인한 대체재의 출현입니다. 트렌드는 꾸준히 변합니다. 그것이 소비 트렌드일 수도, 산업 트렌드일 수도 있습니다. 심지어 투자 트렌드도 정부의 각종 규제와 정책에 따라 변하죠. 이에 따라 소비자들이 선호하는 상품과 제품이 달라지기에 새로운 대체재가 탄생하기도합니다.

다섯째, 배후세대의 변화입니다. 갑자기 살고 있는 지역 인근에 신규택지 지구가 지정되고, 강을 가로지르는 교각이 생기고 교통이 좋아지면, 배후세대가 증가할 수 있습니다. 반대로 옆 동네의 주거환경이 너무 좋아져 선호도가 급격히 올라가면 우리 동네의 인기가 떨어져 유동인구와 배후세대가 감소할 수도 있습니다. 배후세대의 변화가 장점이 될지, 아니면 단점이 될지는 잘 판단해야 합니다.

상점의 매출은 경제와 대중의 소비심리에 민감하게 반응합니다. 코로나19로 타격을 입지 않은 식당이 있을까요? 지역경제와 해당 상권의 흐름을 유심히 살피면서 대응책을 마련해야 합니다. 언제나 대체 상권이 출현할 수 있기 때문이죠. 10년 전에 유동인구가 들끓었던 곳이라도 10년 뒤에도 여전히 유망하리라 볼 수 없습니다. 특히 관광업이나 오피스 상권처럼 민감한 경기에 영향을 받는 업종이라면 더욱 조심해야 합니다. 오히려 지금은 팬데믹으로 인해 주거용 상권이 각광받고 있지요. 또한 동일 상권이라고 해도 장사가 잘되는 곳과 잘되지 않는 곳이 있습니다. 상권만 보고 사업을 할지 말지를 판단해서는 안 됩니다. 강남의 상가에도 공실이 있을 수 있고, 시골의 작은 상가에도 매출이 어마어마한 곳이 있을 수 있으니까요.

상권과 입지는 생물입니다. 계속 움직이고 변합니다. 따라서 항상 관심의 끈을 놓지 말고 꾸준히 공부하길 바랍니다.

시도해 보지 않고는 누구도 자신이 얼마만큼 해낼 수 있는지 알지 못한다.

_푸블릴리우스 시루스, 고대 로마의 작가

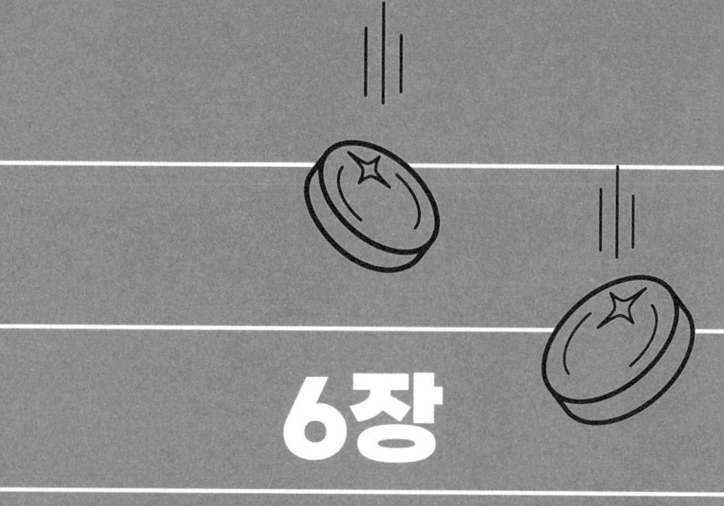

6장

당신의 시작을 위하여

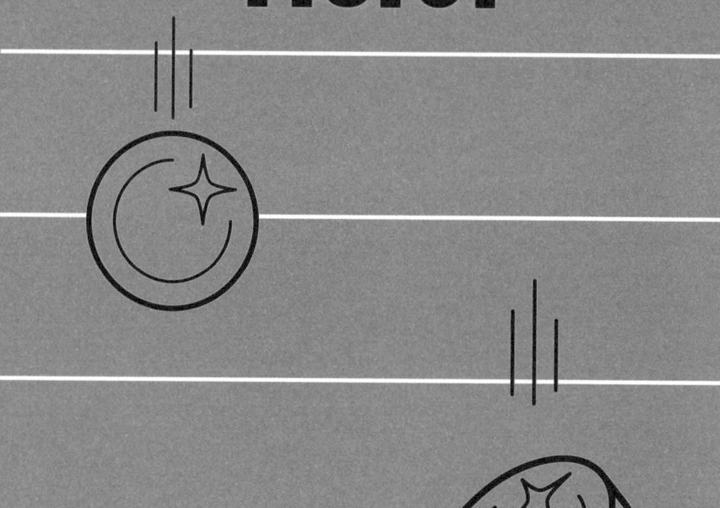

01

현금흐름 창출 vs. 자산 증식

재테크 강좌나 교육에서 수강생들이 가장 많이 하는 질문은 무엇일까요? 그중 하나는 현금흐름을 창출하는 방법입니다. 그래서 제가 운영 중인 무인 편의점이나 무인 스터디카페 등의 투자금 규모나 입지 선정 비결, 실제 수익 등에 관해 제일 궁금해하죠. 일정 근로소득이 있는 사람이라고 해도 추가적인 현금흐름이 필요한 현실입니다.

하지만 질문자가 30~40대이고 다주택자가 아니라면, 저는 우선해야 할 것은 부동산 투자라고 말합니다. 그중에서도 주거형 상품에 투자하길 추천하고요. 이유는 간단합니다. 재테크의 효율성 측면에서 본다면 근로 혹은 사업 소득으로 당장의 현금흐름이 있는 한 시드머니를 만들어 자산을 불리는 것이 순서상 앞서야 하기 때문입니다. 다시 말해, 50대 이전에는 자산을 불리는 차익형 투자를 하고 50대 이후에는 수익형 투자로 현금흐름을 만들어야 한다는 말입니다.

금융권에서 오래 종사해 온 사람으로서 말하자면, 중요한 것은 '생애주기에 따른 자금 설계법'입니다. 재테크 역시 나이대별로 달라야 합니다. 현금흐름에만 도취되어 한창 자산을 불려야 할 30~40대에 현금흐름으로 투자를 세팅한다면 훗날 자산의 상승폭이 그리 크지 않을 수 있습니다. 50대에 다시 차익형 투자로 방향을 돌리는 것도 여러 여건상 맞지 않고요. 물론 두 마리 토끼를 모두 잡는 것도 불가능한 것은 아니지만, 이제 막 재테크를 시작하려는 '재린이' 입장에서는 결코 쉬운 일이 아닙니다.

저는 20대 후반 경매로 부동산 시장에 뛰어들었고 30대 초반부터는 지방과 수도권 시장에서 분양권과 전세레버리지 투자로 아파트를 매수하기 시작했습니다. 그리고 30대 후반에 무인 편의점과 무인 스터디카페로 현금흐름을 월 500만 원가량 추가로 늘렸죠. 그런데도 반퇴 생활자로 4인 가족이 생활하기엔 빠듯합니다. 부동산에서 매월 들어오는 현금이 들쑥날쑥하기 때문이죠. 대신 부동산을 통한 연간 현금흐름은 제법 탄탄합니다.

말했다시피 저는 전형적인 시세차익형 투자자입니다. 2021년까지 제가 전·월세 갱신을 통해 확보한 연간 현금흐름은 금융권 과장급 연봉의 4배였습니다. 대부분은 부동산 매도 수익을 제외한 임차인의 전세상승분이었죠. 2022년 말까지 저의 전·월세 갱신을 통해 확보할 수 있는 연간 현금흐름은 대기업 차장급 연봉의 4배 정도가 될 것 같습니다. 보유 중인 부동산을 매도해서 얻는 것이 아닌 임차인의 전세보증금 상승분이 대부분이기에 연말 종부세나 재산세를 크게 걱정하지 않습니다.

이 물건들 중 일부는 임차인이 5% 갱신권 청구를 쓸 경우 보증금을 크게 올리지 못할 수 있습니다. 분양권이 등기 시점에 분양가를 크게 뛰어넘는 일도 생길 수 있고, 임차인이 갑자기 이사하게 되어 시세대로 전세를 올려받아 재계약하는 일도 생길 수 있습니다. 이처럼 현금흐름이 월로 고정된 것도 아니고 매년 유동적일 수 있기에, 수익형 물건 위주로 투자하는 이들은 차익형 투자자를 걱정합니다. 특히나 올려받은 전세보증금은 오히려 임차인에게 결국 돌려줘야 하는 돈이기에 '수익'이라고 생각하지 않는 것이죠.

그런데 이번 부동산 상승장에서 수익형 투자의 대표 격인 다가구 위주로 투자한 사람과 시세차익형 투자의 대표 격인 아파트 위주로 투자한 사람의 자산은 어떻게 되었을까요? 그들의 자산 격차가 생각보다 크게 벌어졌다는 걸 알 수 있을 겁니다.

사실 투자의 올바른 방향에 대한 원론적인 격론을 벌일 생각은 없습니다. 다만 부동산 투자에 있어서 전세보증금은 하방경직성이 강해 가장 안정적인 사금융의 역할을 한다는 것만은 분명합니다. 이를 경험해 보지 못한 수익형 투자자는 이해가 힘들 수도 있죠. 어차피 돌려줘야 할 돈이 아니냐고 되물으면서요. 다만 이 전세보증금은 내가 돌려주는 것이 아니라, 새로운 임차인과 은행이 돌려주는 겁니다. 그리고 부동산 전세상승분만큼 고스란히 내 순자산에 반영되는 것이죠.

이러한 이유로 차익형 투자자는 월 현금흐름이 적어 보여도 연간 현금흐름만큼은 수익형 투자자들 못지않게 탄탄합니다. 특히 전세레버리지 투자를 통해 매수한 부동산이 12채가 넘는다면 웬만한 수익형 투자자가 부럽지 않을 만큼의 현금이 격월 또는 분기마다 들어올 겁니다. 연금처럼 꾸준하고 일정한 수익을 가져다주면서 자산까지 늘려주는 상품이 바로 부동산, 그중에서도 아파트입니다.

주거용 부동산은 경기의 영향을 가장 덜 받는 상품입니다. 경기가 아무리 어려워도 사람들은 거주할 집이 필요하기 때문이죠. 그래서 투자처로서 가장 안정적이면서도 훌륭한 상품이죠. 또한 임대사업자여서 주거용 상품의 전·월세를 2년마다 5%만 올려 받을 경우 시세에 비하면 많이 올린 상황이 아니기에 당장 가용할 수 있는 레버리지의 여지가 많이 남게 됩니다. 해서 추후 부동산 하락기가 오거나 전세가가 낮아지더라도 완벽하게 하방지지 역할을 하게 됩니다.

전세레버리지 투자의 메커니즘을 이해한다면 이것이 얼마나 중요한 의미인지 알 겁니다. 현금흐름이 매월 나오지 않아도, 분기, 반기, 연간 단위로 목돈이 들어오기에 충분하다는 걸 말이죠. 당장 다른 현금흐름이 없어도 전·월세 갱신금액을 잘 배분하면 생활하는 데 큰 불편이 없을 겁니다. 다만 투자자들은 대부분 그 돈을 재투자하기에 현금이 많지 않습니다. 저 역시 부동산 상승장에서는 그렇게 들어온 목돈을 재투자하기 바빴습니다.

결국 올바른 차익형 투자를 하면 부동산 상승장에서 자산의 엄청난 퀀텀 점프를 경험하는 동시에 탄탄한 현금흐름을 보너스로 얻을 수 있습니다.

현금과 자산

현금과 자산은 양날의 검이 아닙니다. 현금흐름과 자산은 같은 맥락에서 뻗어나온 투자 방법이죠. 예를 들어, 직장에 다니면서 30, 40대에 자산을 공격적으로 늘린 월급쟁이가 50대에 퇴직하게 되면 당장 현금흐름이 필요합니다. 이때는 기존 차익형 자산을 수익형 자산으로 변환하면 됩니다. 마찬가지로 수익형 위주로 투자해 온 이라면 부동산을 일부 매도한 뒤 차익형 자산으로 변환해 자산을 불리는 것도 가능합니다. 이처럼 정답이 있는 것은 아닙니다만, 나이대별로 지향해야 할 투자법은 다릅니다.

20~40대는 대부분 직장과 사업장에서 열심히 일해 성과를 내는 시기입니다. 따라서 여건상 수익형보다는 차익형 투자가

보다 마음이 편할 겁니다. 한번 투자한 뒤엔 잊고 지낼 수 있기 때문이죠. 차익형 투자는 대부분 임차인 관리가 쉽고 간편합니다. 심지어 분양권에 투자하면 관리해야 할 임차인도 없습니다. 따라서 젊을 때는 본업에 집중하면서 마음 편하게 투자할 수 있는 주거용 부동산에 차익형으로 투자하는 것이 좋습니다. 그때는 근로소득이나 사업소득에서 현금흐름을 창출하는 것이 가능하니까요. 월급 외 몇백, 몇천씩 추가로 들어오는 수익이 커 보이고 부러울 수는 있겠지만 투자는 항상 우선순위를 정해서 하는 것이 현명합니다.

전세보증금과 월세는 원래 같은 뿌리에서 나오는 것이죠. 전세를 월세로 전환할 때 적용되는 비율을 뜻하는 '전월세 전환율'이란 것이 괜히 있는 것이 아닙니다. 사실 월세를 10만 원 올려 받든 전세보증금을 1,000만 원 올려 받든 임차인이 부담하는 금액 자체가 올라가는 기본적인 구조는 동일합니다. 임대인 입장에서는 월세 임차인에게는 보증금 외 꼬박꼬박 받은 월세는 돌려주지 않아도 되는데, 전세 임차인에게는 받은 전세보증금을 그대로 돌려주어야 한다는 점에서 월세가 더 좋아보일 수 있는데, 사실은 같은 것이죠.

비교적 액수가 큰 전세보증금을 한데 모아 다른 곳에 재투자할 수 있는 시기는 30~40대가 적기인 것 같습니다. 전세보증금을 크게 올릴 수 있을 때 레버리지를 확보하고, 나이가 들어 현금흐름이 필요해지면 전세 물건의 비중을 낮추고 월세 물건의 비중을 높이는 것이 좋은 전략입니다.

이처럼 부동산 투자에서는 전세-월세 전환이 비교적 쉽습니다. 투자 공부를 계속하면서 때를 기다리면, 차익형과 수익형 두 마리 토끼를 모두 잡을 수 있는 상품과 지역이 나오게 마련입니다. 그때 본인의 상황에 맞게 투자를 선택하면 됩니다.

중요한 것은 '얼마나 바쁜가'가 아니라,
'무엇에 바쁜가'이다.

_오프라 윈프리, 미국의 유명 방송인

02

재린이를 위한 긴급 처방

부자가 되고 싶다면 다음 긴급 처방을 따르길 바랍니다.

첫째, 근로소득만으로는 절대 부자가 될 수 없다는 사실을 인정하세요. 주변을 돌아보세요. 직장 내에 당신의 미래 모습일 것 같은 선배들을 보면, 어떤 느낌이 드나요? 과거에도 그랬고, 현재도, 미래도 마찬가지입니다. 월급만으로는 부자가 되지 못합니다. 자본소득, 투자소득을 늘려야만 합니다.

둘째, 사내 임원이 될 것인지, 부자가 될 것인지 선택하세요. 당신이 현재 미래가 밝은 회사에 다니고 있고, 임원이나 CEO가 될 가능성이 큰 데다 성공에 대한 강한 열망과 의지가 있다면 도전할 수 있습니다. 다만 그렇게나 낮은 성공 확률에 도전하느니 스스로 자산을 일구어 자신이 만들고 싶은 회사에서 CEO가 되는 것이 빠를지도 모릅니다. '구멍가게라도 사장이 돼라'라는 말이 있지요. 하찮고 조그마한 사업장이라도 직접 사장이 되는 것과 누군가의 밑에서 일하는 것에는 차이가 큽니다.

셋째, 부자 습관을 만드세요. 단번에 부자가 되는 건 어렵습니다. 무슨 일이든 시간이 필요합니다. 계획도 없이 퇴사부터 하는 것이 능사는 아닙니다. 업무시간에는 직장인으로서 최선을 다하고 퇴근 후에 차근차근 미래를 준비하는 게 현명합니다. 평소 관심이 있는 분야의 자격증을 준비하는 것도, 투자나 재테크 관련 교육을 받는 것도 좋습니다. 관련 분야 다수의 책을 읽는 건 기본입니다. 남보다 5, 10, 15년 이른 준비가 당신의 30, 40년 뒤 노후를 완전히 바꾸어 놓을 수 있습니다.

넷째, 부자들과 관계를 맺으세요. 앞서 이야기했듯 근로소득만으로 부자가 된 사람은 찾기 힘듭니다. 당신이 회사 내부에서만 인맥을 쌓는다면 부자를 만날 기회가 그만큼 없을 겁니다. 부자가 된 사람들의 책이나 영상을 통해 그들에게 연락을 취하는 것도 좋지만, 한두 번의 투자 조언은 받을 수 있을지 몰라도 지속적인 관계를 맺을 수는 없을 겁니다. 가장 쉬운 방법은 재테크나 투자에 관심이 많은 집단에 들어가는 겁니다. 그들 대부분은 현시점 엄청난 자산은 일구지 못한 평범한 월급쟁이일 겁니다. 하지만 부자가 되고 싶다는 열망을 품고 있고, 투자를 제대로 배

워보겠다는 의지가 강한 사람들일 겁니다. 함께 배우고 나누고 성장하다 보면, 그들 중 자산가도, 사업가도, 전업투자자도 탄생할 겁니다. 사내 인맥도 중요하지만, 회사 외부에서 퇴근 후나 주말에 업무와 전혀 상관없는 사람들을 만나면서 새롭게 얻는 지식과 경험이 당신의 시야를 한층 넓혀줄 것입니다.

지금 당장 해야 할 일

이제 당신이 해야 할 일은 다음과 같습니다.

첫째, 자신과 가족의 재무 상태를 낱낱이 파악합니다. 배우자가 있다면 서로의 통장을 오픈하세요. 통장 내역을 보면서 가정의 한 달 수입은 얼마인지 그리고 식비, 공과금, 보험료, 통신비, 대출이자 등 고정적인 지출금액이 어느 정도인지 항목과 금액을 정리해 보세요. 지출 내역 중에서 줄일 수 있는 항목은 없는지 살펴봅니다. 어쩌면 이것이 제일 어렵고 힘든 일일 수 있습니다. 하지만 문제가 무엇인지 파악해야 해결책을 찾을 수 있습니다. 우리 가정의 재무 상태를 파악하는 것이 우선입니다.

둘째, 가용자금을 확인합니다. 수입과 지출 등의 가정의 재무 상태가 파악됐다면, 투자에 쓸 수 있는 가용자금이 얼마인지 확인합니다. 투자금과 기간 대비 수익률을 산정하는 데 가장 기초가 되는 항목이기 때문입니다.

셋째, 투자 대상을 찾습니다. 세상은 넓고, 투자할 데는 정말 많습니다. 부동산만 해도 다양한 종목이 있으니 어떤 대상이 본인에게 가장 적합할지 신중하게 생각해 선택하세요.

넷째, 투자 방법을 선택합니다. 앞서 부동산에 투자하는 다양한 방식과 특징을 살펴보았습니다. 투자금액과 수익률, 수익 실현 기간까지 따져봐야 합니다.

다섯째, 부동산 임장하기(손품, 발품)입니다. 부동산 현장에 직접 나가서 물건을 파악하는 것이 임장이지만, 발품이 아니어도 각종 온라인 툴을 이용하는 손품을 통해 투자 물건을 분석할 수 있습니다. 네이버부동산, 조인스랜드부동산, 국토교통부, 부동산 지인, 호갱노노는 물론, 각종 카페와 블로그, 유튜브, 가족 애플리케이션 등을 통해 양질의 정보를 얻을 수 있습니다. 손품은 매일 루틴이 되어야 합니다. 당장 돈이 없더라도 모의 투자를 하면서 실력을 쌓아 두면 실전 투자에 큰 도움이 됩니다.

시작할 때 위대할 필요는 없다.
그러나 시작하면 위대해진다.

_지그 지글러, 미국의 연설가이자 베스트셀러 작가

03

투자에도 선구안이 필요하다

훌륭한 타자 야구 선수에게 필요한 것 중 하나는 선구안選球眼입니다. 투수가 던진 공 가운데 볼과 스트라이크를 가려내는 타자의 능력을 말합니다. 선구안이 있어야만 투수의 공을 안타로 연결시켜 출루율을 높일 수 있죠. 스즈키 이치로나 추신수, 이용규, 이종범 선수 등이 선구안이 좋기로 유명했지요.

이들은 공을 잘 보기에 스트라이크 존에 들어오는 공만 공략하고, 어이없는 공에 헛스윙을 하는 비율도 매우 낮습니다. 야구 전문가들에 따르면, 공을 아무리 잘 치는 선수라고 해도 선구안이 좋지 않으면 타율이 3할을 넘어가기 어렵다고 합니다.

투자도 마찬가지입니다 야구에 선구안이 있다면 투자에는 '안목'이 있습니다. 시장의 흐름을 볼 줄 알고, 좋은 지역의 투자 적기를 선별하며, 지역 내 수급 등을 고려해서 좋은 물건을 잡아낼 수 있는 것이 투자 안목에 해당하겠지요.

하지만 투자 안목이 하루아침에 뚝딱 생겨나는 것은 아닙니다. 빨리 안목을 길러야 한다며 조바심을 낼 필요도 없습니다. 언젠가는 좋은 선구안을 가진 투자자가 되리라 기대하면서 길게 내다 보세요. 다만 그 시간 동안 내가 이루고 싶은 목표와 해야 할 것들을 구체적으로 기록하는 것이 좋습니다. 또한 해야 할 일은 월 단위, 주 단위, 일 단위로 쪼개서 하는 겁니다.

예를 들면, 다음과 같이 기록하는 것입니다.

목표	2025년까지 순자산 10억 원	
세부 목표	부동산 7억 원	- 2023년까지 대전에 자가 1채 마련 - 2024년까지 수도권 분양권 1개 매입
	주식 2억 원	- 삼성전자 500주 - 현대차 50주
	예·적금 1억 원	- □□ 은행 예금 1,000만 원 - ○○ 은행 수시입출식 3,000만 원 - △△은행 비상금통장 1,000만 원 - ☆☆은행 자녀학자금 1,000만 원 이를 위해 한 달에 200만 원, 1년에 2,400만 원 저축

이처럼 목표를 달성 기간과 구체적은 금액으로 정확히 세우고, 이 목표를 달성하기 위해 해야 할 일도 최대한 상세하게 작성하는 것입니다. 앞의 표에서 보듯, 저는 부동산과 주식, 예·적금처럼 어떤 종목에 어떻게 투자할지도 자세히 기록했습니다. 다만 이렇게 투자하기 위해서는 공부도 게을리해서는 안 되겠죠. 다음은 부동산 투자 공부를 위해 제가 월 단위, 주 단위, 일 단위로 했던 것들입니다.

매일 할 일	- 경제신문 기사 읽기 - 블로그 글 5개 읽기 - 부동산 카페 글 읽기(20분) - 손품: 부동산 매물 20개 파악하기(1시간)
매주 할 일	- 발품: 1주에 2곳 가보기 - 자기계발 및 경영 서적 1권 읽기
매달 할 일	- 각종 강연, 강의, 교육 참여하기 - 오프라인 투자 모임 2회 참석하기 - 당월 계획 F/B - 익월 계획 세우기

이렇게 목표를 적고, 그것들을 이루기 위한 구체적인 행동과 기한을 세분화해 작성해 놓으면 마음도 편하고 실천하기도 한결 쉽습니다.

흔들리지 않는 투자 안목

세상에는 수많은 전문가가 있고 그들의 시장을 보는 안목도 제각각입니다. 그뿐인가요? 지난 정부에서는 부동산과 관련된 수많은 정책이 쏟아져 나왔습니다. 이에 또 수많은 언론이 자극적인 기사들을 쏟아냈지요. 다음은 2002년부터 2021년까지 나온 부동산 관련 기사 제목입니다.

2002년 3월_ 집값 폭등, 서민 내 집 마련 어려움

2004년 2월_ 뼈 빠지게 일해도 내 집 꿈 못 꿔

2005년 9월_ 내 집 마련하려면 16년

2006년 11월_ 믿는 정부에 집값 발등 찍혔다

2007년 11월_ 집값 투기꾼 잡으려다 서민 잡은 꼴

2008년 5월, 8월_ 전세 시장 폭풍전야, 서민 내 집 마련 부담 커짐

2009년 7월_ 천장 뚫린 전셋값 올 최고 상승

2013년 12월_ 내 집 마련? 전세라도 구하면 행복

2016년 11월_ 내 집 마련 팍팍해진 서민들

2021년 7월_ 아파트값 고공행진, 무주택 서민 어쩌나

이런 기사 제목만 보면 '내 집 마련'은 불가능한 목표처럼 보입니다. 그렇다면 묻겠습니다. 정부에서 집 사지 말고 기다리라고 하면 기다려야 하나요? 언론에서 가계 부채가 사상 최대라고

보도하면 빚을 내선 안 되나요? 정부에서 규제와 엄포를 놓으면 그대로 따라야 하나요?

국가는 우리의 인생과 노후를 책임져주지 않습니다. 타인은 물론 그 누구도 나와 내 가족의 행복을 보장하지 않습니다. 중심은 내가 잡아야 하고, 본질을 알아야 선구안을 기를 수 있고, 투자 안목도 높일 수 있습니다. 당장 투자 안목을 기르기 어렵다면 진짜 전문가를 구분할 수 있는, 시장의 선구자를 알아볼 수 있는 선구안이라도 길러야 합니다.

모의 투자 하는 법

다음으로 해야 할 것은 꾸준히 모의 투자를 하는 겁니다.

'백문이 불여일견, 백견이 불여일행'이라고 했습니다. 백 번 물어보는 것보다 한 번 보는 것이 낫고, 백 번 보는 것보다 한 번 실행해 보는 것이 낫다는 말이지요. 따라서 투자는 직접 해보는 것이 가장 좋은데, 투자금의 문제 등으로 한계가 있지요. 첫 투자는 소액으로 진행해 보길 권합니다. 부동산 투자는 500만 원으로도, 5,000만 원으로, 5억 원으로도 할 수 있습니다. 소액으로 하는 방법은 앞서 소개했듯 갭투자나 경매로 시도할 수 있습니다.

직접 투자가 힘들다면 모의 투자를 하면 됩니다. 방법도 매우 간단합니다. 손품을 통해 투자할 만한 물건을 고른 후, 이 물건

물건명				
물건지 주소				
전용면적				
투자 시	취·등록세:	중개수수료:	수리비:	총투자금:
시세 변화	현재	매매가:	전세가:	월세:
	3개월 후	매매가:	전세가:	월세:
	6개월 후	매매가:	전세가:	월세:
	9개월 후	매매가:	전세가:	월세:
	12개월 후	매매가:	전세가:	월세:
예상 수익률	3개월 후:	6개월 후:	9개월 후:	12개월 후:

을 매수하는 데 얼마가 필요한지 계산합니다. 해당 물건의 매매가와 취·등록세, 중개수수료 등을 포함한 총 투자금을 적고, 해당 물건의 전세가와 월세 금액도 기록해 둡니다. 그렇게 3, 6, 9, 12개월 후 해당 물건의 매매 및 임대가 시세 변화를 추적하면서 정리합니다. 그렇게 데이터가 쌓이면 매도했을 경우 총 투자금 대비 수익이 얼마인지 그리고 기간 대비 수익률이 얼마나 차이가 나는지 등이 보일 겁니다.

'수중에 1,000만 원도 없는데 투자는 무슨 투자야? 나중에 돈 생기면 해야지' 하는 순간, 우리의 뇌는 그때부터 투자를 멀리하게 됩니다. 중요한 것은 시장을 떠나지 않는 겁니다. 당장 돈이 없어도 모의 투자를 하면서 계속 공부하고 현장에 있는 것이 중요합니다. 투자 안목 또한 많은 경험이 뒷받침될 때 생긴다는 걸 명심하길 바랍니다.

매사가 불리하게 돌아가는 것 같을 때 기억하라.
비행기가 바람을 가르고 이륙하는 것이지,
바람의 힘으로 이륙하는 게 아니라는 사실을.

_헨리 포드, 미국 자동차 회사 '포드'의 창설자

04

투자 세계의 내비게이션

당신에겐 투자 멘토가 있나요? 자본주의 사회에서 재테크가 물과 공기라면, 투자 세계에서 멘토는 옳은 길로 안내하는 내비게이션이라고 할 수 있습니다.

30년 전 내비게이션이 대중화되지 않았던 시절 차를 몰고 먼 곳을 찾아가야 할 때는 운전하다가 중간중간 차를 세워서 종이 지도를 펼치고 길을 확인하거나 지나가는 사람에게 길을 물어야 했습니다. 15년 전부터는 차량 내비게이션이 보편화되었고, 이제는 개인 스마트폰에 내비게이션이 모두 탑재되어 있기에 어디를 가든지 다른 사람에게 길을 묻기보다 자연스럽게 스마트폰의

앱을 열어 쉽게 길을 찾게 되었습니다. 그런데 왜 투자 세계에 내비게이션이 필요한 걸까요?

인간은 본래 불완전한 존재이기 때문입니다. 태어나자마자 두 발로 걷거나 뜀박질할 수 있는 사람은 없습니다. 아기는 절대적으로 부모에게 의지하여 부모가 만들어준 환경과 제공해 주는 음식을 먹고 자랍니다.

부린이 시절, 저는 당시 갭투자의 개념은 물론 전세금을 레버리지 삼아서 등기를 하는 부동산 투자 시스템 자체가 이해되지 않았습니다. 임장을 나가 부동산 중개인을 만나며 여러 가지 이야기를 들었음에도 모든 게 의심스럽고 불안하기만 했죠. 하지만 당시 제게 많은 투자 인사이트를 주셨던 멘토의 이 한마디 "투자금 2,000만 원으로도 얼마든지 투자하고 등기할 수 있습니다. 일단 실행해 보세요. 해보면 이해가 될 거예요"란 말에 용기를 내 난생처음 경기도 남부지역에 갭투자를 진행했습니다. 이 투자는 저에게 세전 1,000%의 수익을 가져다주었고 그것이 달콤한 성공 경험이 되어 지금에 이르게 했습니다.

무인 사업을 시작할 때도 제게 큰 도움을 준 멘토가 있습니다. 무인편의점 프랜차이즈 이상범 대표님이죠. 저는 지금도 분기에 한 번씩 만나서 식사도 하고 차를 마시면서 유통업과 시장에 관한 그의 조언을 듣습니다. 과거 현대자동차 전국 판매왕이셨던 그는 단 1년 반 만에 무인 편의점 점포를 전국에 250개나 만드셨죠. 꼭 투자나 사업에 관한 이야기가 아니더라도 멘토들을 만나 세상 사는 이야기를 듣다 보면 평소에는 전혀 관심을 둔 적도 없는 분야로 시야가 넓어지고 직장인이나 투자자로 생활할 때는 알 수 없었던 것들을 깨닫게 됩니다.

멘토는 어디에 있을까

투자에 관한 많은 인사이트와 지침을 안겨준 멘토들을 만나게 된 경위도 다양합니다.

첫 번째 멘토는 온라인 지역 부동산 카페에서 만났습니다. 당시 저는 한 아파트의 분양권을 매수한 뒤 해당 아파트 커뮤니티 카페에 가입해 관련 정보를 찾았습니다. 그곳의 주인장이었던 그는 종종 부동산 동향에 대한 글을 남겼는데 그 지식과 통찰력이 대단했습니다. 해당 지역뿐 아니라 여러 지역의 부동산 시장을 훤히 꿰뚫고 있어서 한 번은 꼭 만나고 싶었죠.

그래서 그를 멘토 삼아 많은 것을 배우고 싶다는 진심을 담은 쪽지를 여러 차례 보냈고 드디어 직접 만날 기회를 얻게 되었습니다. 그렇게 이어진 만남은 한 번으로 그치지 않고 가족끼리도 함께 만나는 관계로 발전했고, 현재는 같은 아파트 단지에서 거주하며 소통하고 있습니다.

온라인에는 지역마다 부동산 카페가 있습니다. 조금만 손품을 들이면 다양한 게시글 속에서 나보다 앞서서 투자하고 성공과 실패의 경험을 쌓은 선배들의 노하우와 정보를 공짜로 얻을 수 있습니다. 그런 고수를 발견하게 되면 글만 읽고 지나칠 것이 아니라 그가 운영하는 개인 블로그에 방문해 감사의 쪽지를 보내는 것도 좋습니다. 단, 처음 쪽지에서부터 개인 연락처를 남기거나 너무 장황한 개인사를 남기면 서로 부담스럽기에 천천히 꾸준히 소통하길 권합니다.

두 번째 멘토는 투자 블로그를 살피다가 만났습니다. 노트북 하나만 들고 제주도나 외국 등 여러 지역을 여행하며 일하는 '디지털노마드'의 시대입니다. 구독자 수를 보면 유튜브 같은 영상 콘텐츠로 많은 지식이 이동한 것처럼 보이지만, 사실 문자로 작성된 수많은 온라인 콘텐츠가 그 질과 양적 측면에서 확실히 한 수 위인 것 같습니다. 저는 주변 투자자들이 추천하는 투자 블로거들의 블로그를 두루 살피며 이웃으로 추가했습니다. 그러면서 그들이 올리는 콘텐츠에 좋아요나 댓글을 남기며 꾸준히 소통했죠. 그들 역시 부린이 시절을 겪었기에 간절한 진심을 알아봐 주었고 투자 조언도 아끼지 않았습니다. 그렇게 관계를 쌓아가다 보면 고수들이 한 번씩 주최하는 이벤트나 오프라인 모임 등에 참여할 기회도 얻을 수 있습니다.

세 번째 멘토는 온라인 카카오 오픈톡방에서 만났습니다. 2017년 초반에는 부동산 투자와 관련된 주제로 다양한 카카오 오픈톡방이 있었습니다. 우연히 들어간 방에서 지금의 멘토를 만나게 되었죠. 현재 그는 외국에 거주 중이지만 당시에는 제가 거주하던 지역에 살고 있었기에 더욱 친밀감을 느꼈고 아무것도 몰랐던 저에게 부동산의 다양한 투자 방식을 친절하게 설명해 주었습니다. 2010년 전후 부동산 하락기를 버텨내고 오랫동안 투자 경력을 쌓은 분이기에 그 지식의 깊이와 폭이 어마어마했습니다. 다만 요즘에는 오픈톡방이 너무 많다 보니 정말로 투자 고수인지, 다른 꿍꿍이가 있는 건 아닌지 잘 선별할 필요가 있습니다. 그래야 양질의 정보를 흡수할 수 있지요. 누가 진짜인지, 나에게 도움을 줄 수 있는 멘토로 삼을 만한 사람인지 알아보는 것도 실력입니다. 하나 더 권하자면, 수많은 오픈톡방은 오히려 과도한 정보의 홍수로 투자의 관점을 흐리게 만들고 또 에너지를 많이 빼앗아가므로 양질의 정보를 제공하는 방 1~2개만 남기고 모니터링하는 정도로 활용하는 것이 좋습니다.

네 번째 멘토는 유료 부동산 강의와 스터디 모임에서 만났습니다. 사실 지방에는 유료 부동산 강의를 개설하는 곳이 많지 않습니다. 그러면 어떻게 해야 할까요? 강의가 열리는 도시에 직접 가면 됩니다. 저 역시 과거엔 매주 토요일 새벽마다 SRT와 신분당선을 번갈아 타며 전주에서 강남역까지 상가 경매 수업을 들으러 다녔습니다. 수강료가 45만 원이었는데 교통비만 50만 원이 넘었던 것 같습니다. 이런 비용과 시간을 아까워하면 안 됩니다. 여기에 들어가는 비용은 소비가 아니라 투자입니다. 다만 유료 강의와 스터디에서 얻은 것은 멘티였습니다. 대기업 재직 2년 차 20대 후반의 청년이었죠. 저보다 더 먼 지역에서 거주하고 일하면서도 그는 매주 금요일 4시간씩 차를 타고 서울로 올라와 하루 숙박하면서 토요일 강의를 들었습니다. 그 열정이 대단하다 싶었는데 같은 조에 편성되면서 가까워지게 되었고, 어느샌가 투자와 사업에 대해 서로 조언을 주고받는 사이가 되었죠.

이처럼 투자나 사업의 고수만을 멘토로 삼아야 하는 건 아닙니다. 부동산 카페 투자 스터디를 통해 다양한 사람을 만나 배울 수도 있고 그 만남이 추후 고수와의 만남으로 이어지는 경우도 있죠. 저도 온라인 모임을 통해 만난 멘토와 동료들과 지금도 연락하며 지냅니다. 일주일에 한두 번 만나 식사와 차를 함께하는, 일주일에 한두 곳 임장을 같이 가는, 산책을 하며 이런저런 조언을 주고받는 멘토와 동료들이 많습니다. 부동산 경매에 빠삭한 사람, 미분양 분양권 투자만 해온 사람, 지역별 부동산 시장 흐름 파악에 남다른 인사이트를 가진 사람, 재개발·재건축 이슈에 해박한 사람, 빌라나 상가 투자의 고수 등 주특기도 다양합니다. 이러한 다양한 견해와 지식을 가진 이들을 곁에 두는 것이야말로 성공의 길로 가는 성능 좋은 내비게이션을 장착한 것이 아닐까요?

다섯 번째 최고의 멘토는 책을 통해 만났습니다. 책이야말로 인생을 바꾸는 멘토를 만나는 쉽고도 효과적인 방법입니다. 앞서 제가 사회초년생 때 투자 실패로 어려움을 겪고 부동산 투자를 시작하게 된 경위를 말씀드렸습니다. 제가 읽은 수많은 경영서, 재테크서, 자기계발서의 저자들이 제게 문제가 무엇인지, 어떻게 해야 하는지 알려주었습니다. 《부자 아빠 가난한 아빠》의 로버트 기요사키는 현금흐름 창출과 돈 관리의 중요성을 일깨워 준 멘토이며, 《돈》의 보도 섀퍼는 자본주의와 투자 마인드까지 뼈 때리는 조언을 아끼지 않은 멘토입니다. 또 《꿈꾸는 다락방》의 이지성 작가는 꿈을 현실로 만드는 'R=VD' 공식을 통해 제 삶의 태도를 바꾼 멘토이죠. 우리는 얼마든지 마음만 먹으면 좋은 멘토를 책에서 만날 수 있습니다.

불치하문不恥下問. 자신보다 못한 사람에게 묻는 것을 부끄럽게 여기지 않는다.

_논어 공야장 편

붙터리치의 추천 온라인 투자 채널	
부동산스터디 카페	전국 최대 규모의 부동산 네이버 카페로, '어제의 게시글 TOP 10' 위주로 살펴보면 유용한 정보가 가득
행복재테크 카페	부동산 경매, 무인 사업 관련 우수 사례글을 찾아볼 수 있음
월급쟁이부자들 카페	부동산 투자 및 자기계발, 스케줄 관리 등 좋은 글이 많음
신성철 블로그	부동산 수요 및 공급에 관한 메커니즘 강의의 최고봉
엉금엉금 블로그	부동산 시세가 움직이는 원리, 전국 부동산에 대한 인사이트 제공
아기곰 블로그	오랜 경력의 부동산 1세대 투자자로, 거시적인 안목을 키우는 데 유용
오윤섭 블로그	부동산 사이클에 관한 이해와 수도권 부동산 투자 정보 제공
권청춘 블로그	전국 부동산 청약에 관한 다양한 정보 제공
청울림 블로그	자기계발과 동기부여 및 부동산 다양한 종목의 강의를 연계해 들을 수 있음
김원철(김사부) 유튜브	《부동산 투자의 정석》의 저자이자 전세레버리지 투자의 원조격인 김사부가 운영하는 채널
자유지성 유튜브	경제와 투자 전반에 관한 폭넓은 지식 제공
부자병법 박병찬 유튜브	부동산 투자 관련 각종 정보와 소액 투자처 소개

불터린치의 추천 도서	
재테크	김원철의 《부동산 투자의 정석》, 알키
	너나위의 《월급쟁이 부자로 은퇴하라》, 알에이치코리아
	브라운스톤(우석)의 《부의 인문학》, 《부의 본능》, 각각 오픈마인드, 토트출판사
	토니 로빈스의 《Money(머니)》, 알에이치코리아
	로버트 기요사키의 《부자 아빠 가난한 아빠》, 민음인
	보도 섀퍼의 《돈》, 《멘탈의 연금술》, 각각 에포케, 토네이도
경제	애덤 스미스의 《국부론》, 동서문화사
	쑹훙빙의 《화폐전쟁》, 알에이치코리아
	프리드리히 A. 하이에크의 《노예의 길》, 나남
	피터 린치, 존 로스차일드의 《전설로 떠나는 월가의 영웅》, 국일증권경제연구소
	롭 무어의 《레버리지》, 다산북스
	하노 벡, 우르반 바허, 마르코 헤르만의 《인플레이션》, 다산북스
	엠제이 드마코의 《부의 추월차선》, 토트출판사
	김승호의 《생각의 비밀》, 《돈의 속성》, 각각 황금사자, 스노우폭스북스
	앙드레 코스톨라니의 《돈, 뜨겁게 사랑하고 차갑게 다루어라》, 미래의창

자기 계발	이지성의 《꿈꾸는 다락방》, 《생각하는 인문학》, 차이정원
	팀 페리스의 《타이탄의 도구들》, 토네이도
	고영성, 신영준의 《완벽한 공부법》, 로크미디어
	리사 손의 《메타인지 학습법》, 21세기북스
	말콤 글래드웰의 《아웃라이어》, 김영사

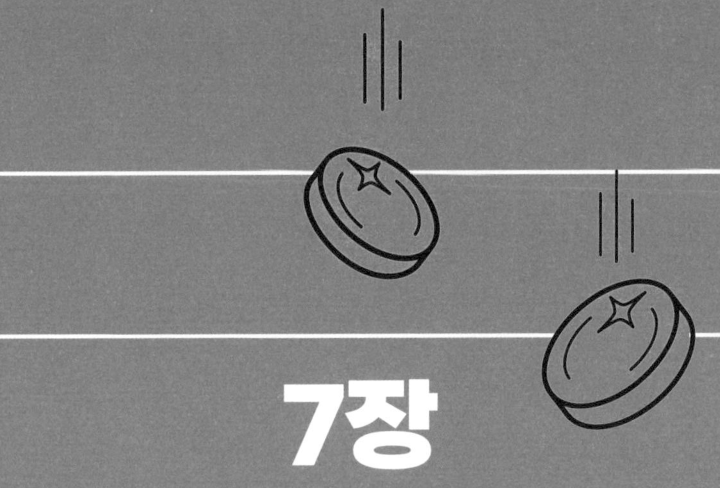

7장

새로운 꿈

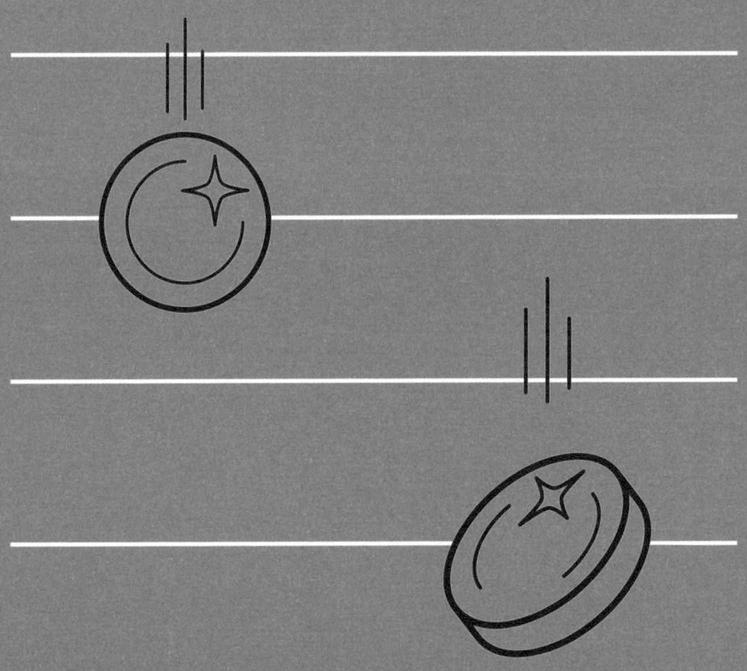

01

가난의 아픔도 치유가 될까요

얼마 전, 제주도 한 달 살기 체험을 떠났다가 실종된 일가족이 바닷속에서 싸늘한 주검으로 발견되었습니다. 실종 당시부터 수색하는 과정이 언론에 공개되면서 전 국민이 이들의 안전한 귀가를 바랐던 터라 안타까움이 컸습니다. 특히나 사업과 가상화폐 투자 실패로 빚을 지고 생활고를 겪고 있었다는 사연이 밝혀졌을 때 만감이 교차했습니다.

인생을 살면서 우리는 다양한 어려움을 만나고 힘들어합니다. 하지만 한 기관의 조사에 따르면, 성인 대부분이 하는 고민의 90%가 경제적인 문제와 관련이 있다고 합니다.

저 역시 제 삶을 돌이켜보건대, 누군가가 제게 가장 힘들었을 때가 언제였는지 묻는다면 사회초년생 때 무리하게 신용대출을 받아 주식에 투자하고 사업에 지분투자를 했다가 돈을 잃고 억대 빚을 떠안게 되었던 때라고 대답할 것 같습니다.

이 책을 읽고 있는 이들 중에 오늘 점심이나 저녁에 식사할 돈이 없어서 힘드신 분은 없지 않을까 싶습니다. 여러분이 이 책을 통해 '부를 쌓는 법'을 배우려는 이유도 당장의 생계유지를 위해서가 아닌, 자본주의 사회에서 상대적인 박탈감을 느끼지 않으며 살고 싶어서일 겁니다. 다들 돈을 잘 굴리고 불려서 부자가 된 것 같은데, 내가 아직 그 정도의 부를 갖추지 못한 건 투자를 몰라서 그런 게 아닐까 생각하며 책을 펼쳐든 거죠.

몇 주 전, 오랜만에 대학교 동기 C를 만나 저녁을 먹었습니다. 대학 시절 저와 친분이 두터웠던 C는 현재 부산 공기업에서 일하며 아내와 함께 자녀 둘을 키우며 살고 있는데, 외벌이이긴 해도 경제적으로는 그다지 부족할 것 없어 보였습니다. 그런 그가 함께 술을 마시다가 취기가 올라오자 어렵게 입을 열더군요. C는 카드론까지 받아서 주식에 투자했는데 현재 70% 손실 상태라고 했습니다.

문득 10년 전 제 모습이 떠올랐습니다. 공부 한번 해보지도 않고 남들 다 한다니 나라고 못할 게 무어냐 싶어서 무작정 신용대출까지 받아 뛰어든 투자. 이것이 일반 개미들이 엄청난 손실을 겪고 투자 낙오자가 되는 전형적인 과정입니다. 실패와 손실을 생각하면 할수록 가슴이 조여오고 짓눌리는 것 같아, 저는 '빚투'를 했다는 생각을 아예 하지 않으려고 애썼습니다. 매월 들어오는 급여로 이자만 감당해 나갔지만, 한 번씩 스마트폰으로 계좌를 조회하다가 보고 싶지 않아도 계속 뜨는 '마이너스 수익률'을 마주하면 마음이 쓰리고 착잡해졌습니다. 경제적 어려움을 겪는 사람들이 왜 한강에 가는지 그 마음을 알겠더군요.

인생에 리셋은 없다

C는 이런저런 하소연을 늘어놓기 시작했습니다.

"나, 정말 열심히 살았다. 나쁜 짓 한 적도 없고 회사에서도 꽤 인정받고 있어. 너 우리 애들이랑 와이프가 날 얼마나 좋아하는지 아냐? 근데 왜 나한테 이런 일이 생기는 거야? 도대체 내가 뭘 그렇게 잘못했다고 그깟 주식 투자로 이렇게 힘들어야 하는 거냐고. 하도 남들이 '영끌, 영끌' 하길래, 나도 그래 영끌 투자 한번 했다. 근데 그 한 번에 이렇게 되는 게 맞냐? 누가 이렇게 망할 줄 알았냐고. 너무한 거 아냐? 그 정도의 리스크가 있다는 건 누구라도 알려줬어야지!"

C는 제게 위로받길 원했는지도 모르겠습니다. 하지만 저는

친구에게 이 모든 투자 실패의 원인은 그에게 있다고 말했습니다. 10년 전 큰돈을 날린 뒤 남 탓하기에 바빴던 제 모습이 보였거든요. 정보를 알려준 형, 재테크는 필수라고 부추기던 언론과 정부, 심지어 너무 많이 그리고 쉽게 대출해 준 은행까지 원망했습니다. 하지만 어느 순간 이 모든 걸 멈췄습니다. 그런다고 누군가가 내 빚을 대신 갚아주는 것도 아니고 달라질 건 아무것도 없다는 걸 깨달았기 때문이었죠.

나를 대신해 내 자산을 불려주는 사람은 없습니다. 또 실패 확률이 제로에다 엄청난 수익이 확실한 투자처를 알려줄 사람도 없죠. 이를 인정하는 것이 중요합니다. 실패의 원인을 자신에게서 찾고 인정해야만 발전할 수 있기 때문이죠. 증권계좌를 개설한 것도, 카드론을 이용해 대출을 신청한 것도, 주식을 매수하고 매도한 것도 C 자신이라는 걸 기억하라고 했습니다. 그래서 그 결과의 책임을 오롯이 지금 지게 된 것이라고.

그 과정을 되새기는 것이 대단히 힘들 겁니다. 제가 겪어봐서 압니다. 고통스럽고 괴로운 과정입니다. 할 수만 있다면 다른 걸 걸어서라도 투자하기 몇 달 전으로 돌리고 싶겠지요. 하지만 인생에 리셋reset은 없습니다. 과거로 돌아갈 수 있는 사람도 없고요.

취업 실패, 연애 실패, 투자 실패, 사업 실패, 결혼 실패 등 우리는 인생에서 여러 실패를 겪을 수 있습니다. 운이 좋아 한두 번 성공할 수 있지만 누구나 언제라도 크고 작은 실패를 겪을 수 있죠. 중요한 것은 실패하더라도 다시 일어설 수 있는 회복탄력

성을 키우는 것과 또다시 도전하기 전에 혹여 있을지 모를 손실을 최소화하기 위한 사전 노력을 기울이는 겁니다.

파이낸셜 테라피

10년 전 겪은 주식 투자와 사업 실패로 저는 부동산 투자에 발을 들이게 되었습니다. 그때의 실패가 없었다면 지금쯤 지극히 평범한 월급쟁이로 생활하고 있을 겁니다. 아니 그때가 아니었다고 해도 5년 전, 3년 전 혹은 1년 전에라도 실패했을지 모르겠습니다.

하지만 저는 타인을 향한 원망을 털어버리고 저 자신에게서 실패의 원인을 찾고 인정했습니다. 그다음에는 절대 실패하지 않겠다고 다짐하면서 실패의 확률을 줄일 수 있는 방법들을 연구하고 찾았죠. 그래서 지금의 자리까지 오게 된 것이 아닐까 싶습니다.

이러한 이유로 여건이 허락된다면 '파이낸셜 테라피Financial therapy'를 운영하고자 합니다. 단어 자체가 거창하게 들릴지 모르겠는데, 운영 요지는 간단합니다. 돈 문제로 상처를 입고 생활고를 겪고 있는 이들을 대상으로 경제적 자립을 위한 기본 교육을 운영하면서 자본주의 사회에서 올바르게 투자하고 돈을 관리하는 방법과 마인드를 가르치는 것입니다.

사회초년생 시절 투자 실패로 괴롭고 힘들었던 그때, 저의 괴로움이나 고충을 털어놓을 만한 곳은 물론, 이런 문제를 해결할 방법을 구하고 도움을 받을 만한 곳이 전혀 없었습니다. 제가 할 수 있는 것이라곤 근처 정신과에서 의사 선생님께 간단히 진료를 받고 두통약 따위를 처방받는 것이었죠.

우리나라에는 경제나 투자, 돈 관리에 관해 제대로 교육해 주는 기관은 물론 선생님도 없습니다. 모두가 돈을 갈망하는데도 기본적인 것도 모르는 사람이 허다합니다. 그래서 물가상승률보다 낮은 이자를 제공하는 은행에 월급 전부를 넣어두거나, 수익보다 수수료가 더 높아 뒤로 돈이 빠져나가는 상품에 가입하고, 단기간에 확실한 수익률을 보장해 준다는 엉터리 상품에 투자했다가 돈을 잃습니다. 어쩌다 부동산과 주식, 가상화폐 열풍 속에서 투자 좀 하려고 나섰다가도 시장이 약간 주춤하거나 규제가 생기면, 바로 관심을 꺼버리기 일쑤죠. 금융과 돈, 자본주의의 메커니즘에 대해 진지하게 공부하려는 사람이 많지 않다는 것이 안타깝습니다.

건강을 위해 신체의 코어를 단단하게 단련하듯, 돈을 벌기 위해서도 코어 근육을 키워야 합니다. 꾸준하게 공부하고 일시적인 아닌, 지속적인 관심을 가져야 합니다. 실패 확률을 낮추고 성공 확률을 높이는 데 왕도는 없습니다.

대한민국은 선진국입니다. 대다수는 끼니를 걱정하지 않습니다. 못 먹을까 대신 뭐 먹을까를 고민하는 국민입니다. 남들만큼 잘살기 위해 혹은 남보다 조금 더 잘살기 위해 노력하는 것이 자본주의입니다. 이왕이면 쾌적하고 편리하고 아름다운 곳에 살고 싶고, 자녀에게도 좋은 교육의 기회와 환경을 제공해 주고 싶습니다. 부모님을 좋은 곳에 모시고 넉넉하게 용돈도 드리고 싶고 기분 전환을 위해 종종 외식도 하고, 가끔은 가족과 함께 여행도 가면서 여유롭게 살고 싶습니다. 이 '여유'를 위해 필요한 것이 돈이라는 걸 부정할 수 없습니다. 시간, 공간, 관계의 여유도 어느 정도 돈으로 만들 수 있다는 걸 알고 있지 않나요?

오늘의 투자자는 어제의 성장으로
수익을 내지 않는다.

_워런 버핏

02

누가 도울 것인가?

저는 수년 전부터 굿네이버스, 세이브더칠드런, 유니세프 등에 정기적으로 기부를 하고 있습니다. 학생 때 의례적인 학교 행사로 기부한 적이 있지만, 월급 받는 직장인이 된 후에는 오히려 제대로 된 기부를 한 적이 없었습니다. 힘들게 번 소중한 돈이 진짜 어려운 이웃에게 전달되는 게 맞는지, 누군가가 착복하는 건 아닌지 믿을 수 없다며 일종의 핑계를 대곤 했지요. 그러다가 회사 동료의 제안으로 굿네이버스에 첫 기부를 시작했습니다. 첫째가 태어난 지 얼마 지나지 않았을 무렵이었는데, 엄마의 온갖 정성이 들어간 이유식과 분유를 먹으며 쑥쑥 성장하고 있는 우리 아이를 보면서 가난한 나라에서는 그러지 못하는 아이가 많겠다는 생각이 드니 선뜻 마음이 움직이더군요.

물론, 좋은 일을 하면 저와 가족, 특히 우리 아이에게도 좋은 일이 생기지 않을까 싶은 이기적인 욕심도 있었습니다. 하지만 이런 이유 때문에라도 누군가를 위해 기부를 시작하는 것이 결과적으로는 낫다는 생각이 듭니다. 그렇게 시작된 기부는 서너 곳의 NGO 단체에 정기적인 기부로 이어졌습니다. 하지만 저는 현시점 더 큰 꿈을 꾸게 되었습니다.

난민구호 기금 100만 달러

우연히 접한 사진 한 장이 그 계기가 되었습니다. 사진에는 아이를 자신의 티셔츠 속에 넣고 강을 건너 미국으로 가려다가 딸과 함께 익사한 난민 아버지의 모습이 담겨 있었습니다. 저는 사실 평소에 크게 감정의 동요가 없는 사람입니다. 영화나 드라마에서 아무리 슬픈 장면이 나와도 단 한 번도 눈물을 흘려본 적이 없었죠. 그랬던 제가 그 사진을 보고 대성통곡을 했습니다. '나는 풍족하고 안전한 나라에 태어나 이렇게 밥 굶을 걱정 없이 살고 있는데…' 싶어지니 눈물이 멈추지 않더군요. 너무 아프고 또 아팠습니다. 이때 마음속에 새로운 목표와 작은 꿈이 하나 생겼습니다. '난민들을 위한 기금을 마련하자.' 앞으로 난민구호를 위한 기금을 펀딩하고자 합니다. 목표는 100만 달러, 한화로 12억 원 정도입니다.

우리나라도 불과 70년 전에는 전쟁으로 인한 처참한 비극 속에서 빈곤과 아픔을 겪었습니다. 그때 다른 나라의 원조를 통해 이제 세계 선진국대열에 합류하게 되었고요. 이제 우리가 세계의 난민을 도울 차례가 아닌가 싶습니다. 너무나 당연한 말이지만, 도움은 경제적으로나 심리적으로 풍족하고 여유 있는 사람이 하는 것이죠. 이를 위한 저의 첫 번째 목표가 난민구호 기금 펀딩 100만 달러입니다. 여러분도 참여하시는 건 어떨까요?

우리는 일함으로 생계를 유지하지만
나눔으로 인생을 만들어간다.

_윈스턴 처칠, 영국의 정치가이자 작가

03

부자가 될 수 있을까?

투자자들은 말합니다. "투자는 죽을 때까지 하는 것이다."

투자가 우리 인생에 주는 혜택은 대단히 많습니다. 일단 투자를 하기 위해 공부하고 생각하고 행동하다 보면 많은 사람과 인연을 맺게 되고 또 많은 물건을 만나게 됩니다. 이를 통해 예전에는 생각지도 못했던 것들을 배우고 계약이 성사되거나 성공적인 수익으로 돌아올 때 얻는 자기만족과 보람도 엄청납니다. 그리고 빼놓을 수 없는 유익 중 하나는 '재미'입니다. 그렇습니다. 투자는 재미있습니다.

그러나 누누이 이야기했듯, 한 번의 투자 성공이 영원불멸의 수익을 꾸준히 가져다주는 것은 아닙니다. 그래서 투자자의 숙명은 시장에 플레이어로 참여해 자산과 수익을 조금씩 계속해서 늘려가는 것인지도 모르겠습니다. 물론 금과 은은 수백, 수천 년 동안 인류에게 권력과 부를 가져다주는 확실한 안전 자산으로 평가받아 왔습니다. 달러나 미국주식도 엄청난 자산 상승의 열매를 선사해 주었죠. 대한민국 부동산도 역사가 증명하듯 투자자에게 대단한 수익을 안겨줬습니다. 다만 우리나라 부동산도 상품이 다양하고 지역이 넓기에, 어떤 상품을 어느 시기에 어디에서 샀는지에 따라 상승장에서도 자산과 수익의 결과는 극명하게 갈렸습니다.

저는 한국 주식은 예전부터 소액으로 운영해 왔지만, 2021년부터 미국주식 투자도 시작했습니다. 부동산에 심하게 편중된 자산 포트폴리오를 조금씩 분산시키는 과정에서 미국 주식이 좋은 투자처로 보였기 때문입니다. 저는 미국주식 투자가 곧 달러 투자라고 생각하기에, 미국주식을 통해 정기적인 배당 수익금을 얻고 있습니다. 수익형 투자인 셈이죠. 달러의 위상과 세계 제일 패권국의 기축통화가 주는 안정감은 우리나라 기업에 투자할 때와 사뭇 달랐습니다. 가상화폐도 그런 면에서 본다면 기존의 안전자산으로 취급되던 금이나 달러와 비슷합니다. 편중된 투자의 리스크를 헷지해 주고, 지금은 적금이나 예금처럼 이자수익을 주기도 하니까요.

금본위제도에서 미국 달러의 시대로 넘어간 지 채 100년도 되지 않았습니다. 가상화폐가 세상에 나온 지도 20년이 채 되지 않았죠. 가상화폐의 실체를 두고 벌이는 논란은 무의미한 것 같습니다. 가상화폐, NFT 등 새로운 대체상품과 디지털 금이 출연할 때마다 우리가 해야 할 것은 관심을 갖고 학습하는 것입니다. 그리고 '그다음 투자'를 진행하면 됩니다.

부자는 지금도 탄생한다

달러의 종말을 예고하는 사람이 있습니다. 언젠가는 종이화폐 자체가 사라질 것이라고 예언하는 사람도 있죠. 실현 가능성이 없는 건 아닙니다. 다만 그게 언제일지는 아무도 모르죠. 가상화폐 중 95% 이상은 결국 없어질 거라는 예측도 있는데, 이 역시 언제 그렇게 될지 또 정말 그렇게 될는지는 확신할 수 없습니다. 비트코인이 세상에 나오리라고 예측한 사람이 몇이나 될까요? 비트코인은 출시된 후 수년이 지난 후에야 사람들에게 알려지기 시작했고, 대중들이 투자하게 된 건 겨우 2010년대 중반부터였습니다. 지금 엄청난 수익을 내는 상품들이 10년, 30년, 100년 후에도 그럴지는 아무도 모릅니다.

부동산은 어떤가요? 우리나라에는 '부동산 불패 신화'가 있습니다. 하지만 정말 그런가요? 한 번 매수한 뒤에는 완전히 잊어버리고 살아도 될 만큼 완벽한 입지의 상품은 없습니다. 세상은 변합니다. 입지라는 것도 교통 혁명과 기술의 발달로 추후에는 달라질 여지가 있습니다. 또 입지는 그대로라고 해도 투자자의 상황이 바뀌면 매도가 필요할 수도 있고요.

도시가 확장되는 과정에서 신규택지지구가 활발하게 개발되고 발전하면 그다음에는 구도심 재생·재개발의 시대가 다시 열립니다. 오래된 아파트에 재건축이 필요해지는 것이죠. 부동산은 이처럼 확장과 변화를 겪습니다. 매도가 쉽지 않았던 못난이 아파트가 추후에 높은 시세차익을 가져다줄 수도 있고, 처음에 수익이 좋았던 상품이 생각보다 장기간 수익률은 높지 않을 수도 있죠. 모든 것이 가변적입니다. 이 때문에 투자자는 외부 변수를 항상 확인해야 합니다. 변하지 않는 입지가 있더라도 그 입지에 영향을 미치는 요소를 꾸준히 모니터링해야 하는 이유죠.

상권의 변화 역시 다이내믹합니다. 코로나19로 일반 요식업의 폐업율이 높아진 반면, 반사이익으로 배달업은 엄청난 특수를 누렸지요. 사람들의 생활패턴과 시대가 바뀌면 상권도 바뀝니다. 사업하는 임차 업종에 따라 상가의 가치도 달라지고요. 이 점에서 언제나 임대인이 갑인 것은 아닙니다. 때에 따라 사업 잘하는 임차인이 갑이 될 수 있죠. 무엇이든 영원한 건 없습니다. 영원한 안전자산도 없고요.

영원한 건 없기에 사라지는 자산가와 투자자도 있고, 반대로 새로운 자산가와 투자가도 탄생합니다. 엄청난 자산 상승기를 지나면서 탄생한 벼락부자 때문에 상대적으로 '벼락거지'로 전락한 상황을 비관하는 이들도 많습니다. 하지만 조급해할 필요는 없습니다. 기회는 또 있습니다. 준비된 자에게 기회가 오리란 믿음을 가지고 배움에 대한 열정으로 꾸준히 '돈 공부'를 하면서 계속 시장 참여자로 있으면 됩니다. 때론 불도저처럼, 때론 거북이처럼.

문제가 무엇인지 알고 해결책을 찾았다면 행하세요. 당신도 부자가 될 수 있습니다.

돈 생각을 떨쳐내는 유일한 방법은
돈을 많이 갖는 것이다.

_이디스 워튼, 여성 최초로 퓰리처상을 수상한 미국 소설가

닫는 글

답은 당신에게 있다

사람의 운명을 바꾸는 것은 무엇일까요?

아무 대책도 없이 1억 원을 빌린 빚쟁이가 순자산 10억 원 달성을 꿈꾸는 투자자가 되려면 뇌를 바꿔야 했습니다. 뇌를 바꾸기 위해 매일 아침 출근길에 '나는 할 수 있다, 나는 반드시 해낼 것이다, 나는 부동산 투자로 성공할 것이다, 나는 부자가 될 것이다!' 같은 문구를 차 안에서 크게 소리치기도 하고 조용히 되뇌기도 했습니다. 나를 부자가 될 사람으로 믿고 부정적인 이슈가 아닌 긍정적인 재테크에 초점을 맞추었습니다. 운명을 바꾸는 데 꼭 특별한 무언가가 필요한 건 아닙니다. 날마다 긍정적인 생각과 진취적인 마인드를 가지려고 했을 뿐입니다. 생각이 바뀌고 행동이 바뀌자 순자산 마이너스 1억 원도 순자산 50억 원, 자산 100억 원으로 바뀌었습니다. 결국, 우리의 운명을 바꾸는 건 '생각'인 셈입니다.

최근 수년간의 부동산 상승장에서 공격적으로 투자한 끝에 저의 자산은 과분하게 늘었습니다. 기쁘고 감사한 일입니다. 하지만 숫자에 단순히 도취하거나 만족하지 않으려고 합니다. 만족이 다음 목표로 향하는 발걸음을 가로막을 수 있기 때문이죠. 아직 해보고 싶은 것들이 많이 남았습니다. 에어비앤비 운영과 공유 오피스 사업, 가족과 함께 운영할 사회복지 사업도 준비하고 있고, 오프라인 강의와 교육을 통해 경제적 자유를 갈구하는 사람들과의 만남도 점차 늘려갈 생각입니다. 집안 3대가 함께 와서 교육을 받고 힐링하며 화합할 수 있는 연수원도 건립하고 싶습니다. 전 세계 각지 도시별 '한 달 살기'를 하면서 진정한 디지털 노마드족으로 생활하는 모습도 꿈꿔봅니다. 누군가는 '꿈'을 막연한 낙관으로 치부할지 모르지만, 조금 더 나은, 조금 더 높은 곳을 향해 나아가고자 하는 간절함이야말로, 인간이 얻을 수 있는 성취감의 원동력이 아닐까 싶습니다.

마이너스 인생에서 플러스 인생이 되도록 옆에서 항상 믿어주고 응원해 주는 사랑하는 아내 주리와 희망찬 미래가 기대되고 궁금한 사랑하는 두 자녀 신유, 신율 그리고 양가 부모님께 감사와 사랑의 인사를 전합니다.

담보책임, 신희은, 엉금엉금, 교쿠신가라데, 새벽의eddie, 부탈, 홍민성, 세곡동아재, 당첨ㄱㄱ, 마스터부초, 용주주, 부산빠꾸미, 정중동, 권청춘, 올백맘 그리고 김성재 목사님께 감사합니다. 검증되지 않은 신인 작가와 작업하느라 애써 주신 알에이치코리아 관계자에게도 고맙다는 말을 하고 싶습니다. 제가 저자로서 얻게 되는 책의 수익금 전액은 서아시아 난민을 위해 기부할 예정입니다.

마지막으로, 제가 아내와 함께 휴대폰에 저장해 둔 글귀로 책을 맺고자 합니다.

> "우리가 이 가난을 인정하고 유지할 이유는 전혀 없다. 지금의 모든 상황보다 더 나아지게 노력할 것이고 해낼 것이다. 이대로 머무르고자 하는 마음이 가난의 원천이다. 이를 반드시 깨뜨리고 성공해 부자가 될 것이다. 우리는 자녀에게 최고의 교육과 경험을 제공할 것이고, 그들의 꿈과 비전을 열어줄 것이며, 양가 부모의 노후를 경제적으로 도울 것이며, 전 세계 어려운 이웃과 난민을 위해 물심양면 기부와 봉사를 할 것이고, 경제적 자유를 달성해 자아실현하고, 원대한 목표와 비전을 반.드.시 달성할 것이다. 내 인생의 주체는 나이며, 나를 막는 건 나 자신 외에 없다."

현실을 바꿀 수 있는 건 결국 당신입니다

2022년 8월, 붇터린치(신광진)

1000

월급 외 수익
1000만 원

1판 1쇄 인쇄 2022년 8월 15일
1판 1쇄 발행 2022년 8월 25일

지은이 분터린치

발행인 양원석 **편집장** 박나미
디자인 남미현, 김미선 **영업마케팅** 조아라, 이지원, 정다은, 전상미

펴낸 곳 ㈜알에이치코리아
주소 서울시 금천구 가산디지털2로 53, 20층(가산동, 한라시그마밸리)
편집문의 02-6443-8865 **도서문의** 02-6443-8800
홈페이지 http://rhk.co.kr
등록 2004년 1월 15일 제2-3726호

ISBN 978-89-255-7763-0 (03320)